EMILE DURAND

COURS D'HARMONIE

DEUXIÈME ET TROISIÈME PARTIES

Pages 209 à 418

PARIS

ALPHONSE LEDUC, ÉDITEUR, 3, RUE DE GRAMMONT

Propriété réservée pour tous Pays.

Tous Droits de Traduction réservés.

Paris, Imp. A.Chaimbaud & Cie, 18, rue de la Tour d'Auvergne.

1881

EMILE DURAND

COURS D'HARMONIE

DEUXIÈME ET TROISIÈME PARTIES

Pages 209 à 418

PARIS

ALPHONSE LEDUC, ÉDITEUR, 3, RUE DE GRAMMONT

Propriété réservée pour tous Pays.

Tous Droits de Traduction réservés.

1881

Paris, Imp. A.Chaimbaud & Cie, 18, rue de la Tour d'Auvergne.

HARMONIE DISSONANTE NATURELLE

EXPOSÉ

Nous avons dit (§ 64) que les *accords dissonants* sont ceux qui renferment une ou plusieurs *dissonances*.

Ces *dissonances* peuvent être *diatoniques;* elles peuvent être *chromatiques*.

§ **591.**—Les *dissonances diatoniques* sont celles qu'on peut former au moyen de *deux notes appartenant* à la *même gamme diatonique:* telles sont, dans les deux modes: les secondes, les septièmes et les neuvièmes majeures et mineures; et, en mineur seulement, la septième diminuée et la seconde augmentée (6ᵐᵉ et 7ᵐᵉ degré)

DISSONANCES DIATONIQUES

§ **592.**—Les *dissonances chromatiques* sont celles qu'on ne peut former, dans aucun mode, sans le secours d'une altération chromatique, comme la tierce diminuée, la sixte augmentée, etc... dont les *deux notes n'appartiennent jamais* à la *même gamme diatonique*.

DISSONANCES CHROMATIQUES

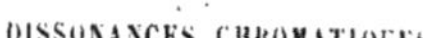
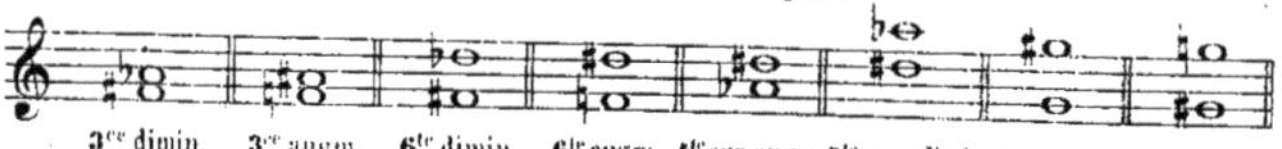

§ **593.**—Un *accord dissonant* est *diatonique,* s'il ne contient que des *dissonances diatoniques*.

ACCORDS DISSONANTS DIATONIQUES

§ **594.**—Un *accord dissonant* est *chromatique,* dès qu'il renferme une *dissonance chromatique*.

ACCORDS DISSONANTS CHROMATIQUES

§ **595.**—Parmi les accords *dissonants diatoniques*, il en est pour lesquels il est nécessaire de préparer la *dissonance* ou les *dissonances*; il en est d'autres qui peuvent se faire sans *préparation*.

Ces derniers forment ce que l'on appelle *l'harmonie dissonante naturelle;* les autres sont compris dans *l'harmonie dissonante artificielle*.

§ **596.**—Toute *l'harmonie dissonante naturelle* est contenue dans un accord de *cinq sons* ayant pour *fondamentale* la *dominante* de l'un et l'autre mode.

Cet accord, qui se compose, outre sa *fondamentale*, d'une *tierce majeure*, d'une *quinte juste*, d'une *septième mineure* et d'une *neuvième (majeure ou mineure, selon le mode,)* se nomme accord de *neuvième de dominante*.

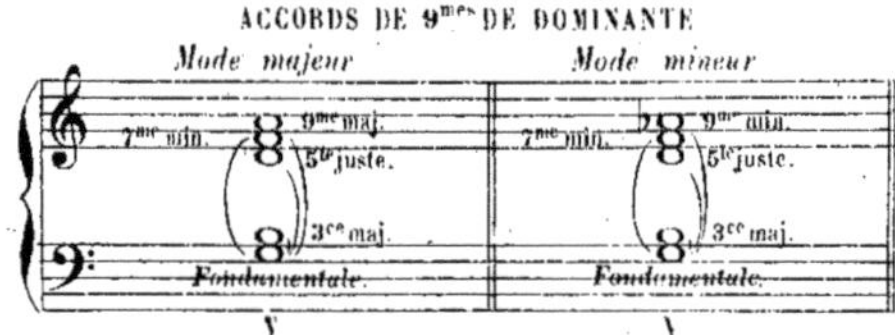

Mais ce *grand accord de cinq sons* est, relativement, peu usité dans sa totalité, à cause des difficultés d'arrangement qu'il présente (Voir §   ) et de la rareté des cas où il est applicable.

§ **597.**—Si l'on en supprime la neuvième on reste avec quatre sons qui forment l'accord de *septième de dominante*.

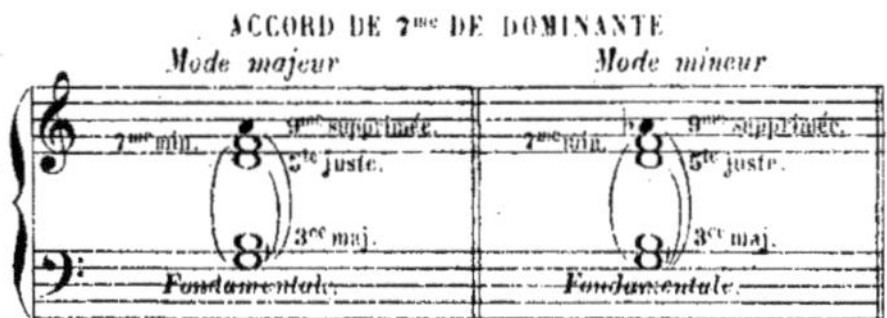

§ **598.**—Si c'est la fondamentale que l'on retranche, les quatre sons restants donnent, pour le *mode majeur*, l'accord de *septième de sensible*, et pour le *mode mineur* l'accord de *septième diminuée* (septième de sensible du mode mineur)

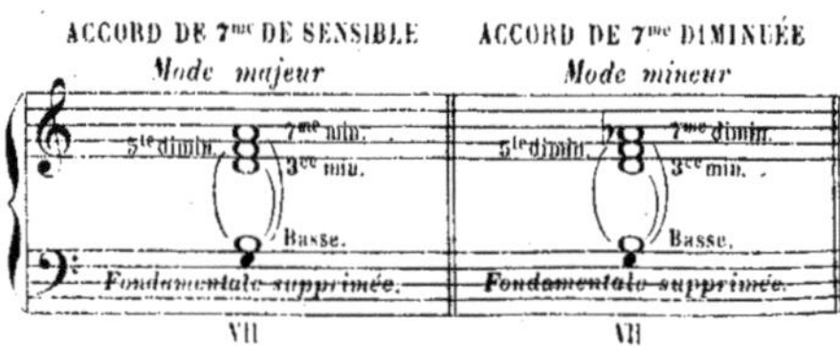

§ **599.**—Tous ces accords peuvent se *renverser;* ils ont chacun *trois renversements*.

RÉSOLUTION des ACCORDS DISSONANTS
notes à mouvement obligé

§ 600. — L'*enchaînement* d'un accord dissonant à celui qui le suit immédiatement se nomme *résolution*.

§ 601. — Dans la *résolution* d'un accord dissonant, il y a toujours *une* ou *plusieurs* notes dont la marche mélodique est *contrainte* ou *forcée;* on les appelle: *notes à mouvement obligé;* elles ne peuvent pas être doublées.

RÉSOLUTION NATURELLE

§ 602. — La *résolution* d'un accord dissonant est *naturelle* lorsqu'elle a lieu sur un accord de la même tonalité permettant aux *notes à mouvement obligé* de se *résoudre* selon leur tendance.

§ 603. — L'harmonie *dissonante naturelle* contient *trois notes à mouvement obligé,* savoir: les *deux notes attractives,* (4ᵐᵉ et 7ᵐᵉ degré) et, de plus, le 6ᵐᵉ *degré,* qui, ainsi employé, forme comme une *3ᵐᵉ note attractive.*

Ces trois notes doivent se *résoudre* de la manière suivante: le 7ᵐᵉ degré (note sensible) doit *monter* à la *tonique;* le 4ᵐᵉ degré (sous-dominante) et le 6ᵐᵉ (sus-dominante) doivent *descendre d'un degré.*

Ce qui oblige à faire descendre d'un degré la sous-dominante et la sus-dominante, dans les accords dissonants naturels, c'est que ces deux notes sont les dissonances dans ces accords: or, il est de règle que *toute dissonance diatonique doit se résoudre en descendant d'un ton ou d'un demi-ton.*

§ 604. — La *résolution* de ces *trois notes à mouvement obligé* amène l'*accord parfait de la tonique.*

La résolution des *accords dissonants naturels* sur l'accord parfait de la tonique est, par cette raison, la *plus normale,* la *plus naturelle.*

§ 605.— Il est défendu de *doubler*, par *mouvement direct*, la *note* sur laquelle vient se résoudre une dissonance. En d'autres termes, *l'octave directe* provenant de la *résolution d'une dissonance* est *défendue* entre n'importe *quelles parties*.

OCTAVE DIRECTE DÉFENDUE COMME PROVENANT de la RÉSOLUTION d'une DISSONANCE

1ʳᵉ SECTION

ACCORD de SEPTIÈME de DOMINANTE

CHAPITRE I

ÉTAT FONDAMENTAL

§ 606.— De tous les accords dissonants naturels, *le plus usité* est l'accord de *septième de dominante*.

Cet accord est *le même* dans les *deux modes; sa place* est sur le *5ᵐᵉ degré*, comme l'indique son nom.

Il se compose, outre la dominante, note fondamentale, d'une *tierce majeure*, d'une *quinte juste* et d'une *septième mineure*. On le chiffre par $\frac{7}{+}$ (La petite croix représente la tierce majeure note sensible)(Voir § 90)

ACCORD DE 7ᵐᵉ DE DOMINANTE
à l'état fondamental.
Mode maj. et mode min.

RÉSOLUTIONS NATURELLES
de l'Accord de septième de dominante

§ 607.— La résolution *la plus naturelle* de l'accord de septième de dominante a lieu sur *l'accord parfait de la tonique* à l'état fondamental. (Enchaînement par quarte supérieure ou quinte inférieure § 318.)

RÉSOLUTION LA PLUS NATURELLE
de l'accord de 7ᵐᵉ de dominante.

A.L.6501.

§ **608**.— On peut aussi *résoudre naturellement* l'accord de septième de dominante.

1° Sur l'accord de *quarte et sixte du même degré* (5me) 2^d renversement de l'accord parfait de la tonique. (Même enchaînement que le précédent).

2° Sur l'accord parfait du 6me degré (enchaînement par seconde supérieure § 322.)

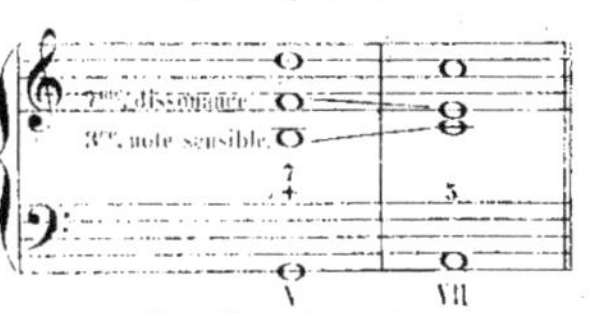

§ **609**.— Dans ces trois résolutions, *la note sensible,* tierce de la dominante *doit monter à la tonique;* la septième comme *dissonance* doit *descendre d'un degré.*

§ **610**.— Les notes les *plus essentielles* de l'accord de septième de dominante sont : outre *la fondamentale, la tierce et la septième,* c'est-à-dire, les notes à mouvement obligé ; on les désigne sous le nom de *bonnes notes de l'accord.*

Si donc, on veut *supprimer* une note de l'accord de septième de dominante, la *suppression* doit, généralement, porter sur la quinte.

§ **611**.— Il est bon de placer à la *partie supérieure* l'une des *meilleures notes* de l'accord, c'est-à-dire la *tierce* ou la *septième;* mais cette règle n'a rien d'absolu.

RÉALISATION A QUATRE PARTIES
de l'Accord de septième de dominante

RÉSOLUTION sur l'ACCORD PARFAIT de la TONIQUE

§ **612**.— Dans l'enchaînement à 4 parties de l'accord de *septième de dominante* à *l'accord parfait de la tonique,* l'obligation de faire *monter la note sensible* et de faire *descendre la septième* force à *supprimer la quinte de l'un ou l'autre* accord ; sans quoi, l'on aurait, inévitablement, *deux quintes consécutives* entre la *basse* et *l'une* des parties supérieures.

§ **613**.— Il est généralement *préférable* de *retrancher* la *quinte* de l'accord de *dominante,* (§ 610) plutôt que celle de l'accord de tonique. On *double* alors la basse du 1er accord ; car il ne serait pas possible d'en doubler la *tierce* ni la *septième,* ces deux notes ayant une *résolution contrainte.*

§ **614**.— Si, par une raison quelconque, on veut avoir *complet* l'accord de *7me de dominante,* on se voit obligé de *supprimer* la *quinte* de *l'accord de tonique :* on *double* alors la *tierce* de ce *2^d accord,* ou, mieux encore, on en *triple* la *basse.*

214

RÉSOLUTION sur l'ACCORD PARFAIT du 6ᵐᵉ DEGRÉ

§ 615.—Dans l'enchaînement à 4 parties de l'accord de *septième de dominante* à l'*accord parfait du 6ᵐᵉ degré,* il n'y a pas lieu de retrancher la quinte ni de doubler la basse de l'un ou l'autre accord.*Tous les deux* doivent être *complets;* l'accord du 6ᵐᵉ degré doit avoir la *tierce doublée.*(Cette tierce doublée est la tonique, degré de 1ᵉʳ ordre)

RÉSOLUTION sur l'ACCORD de QUARTE et SIXTE de la DOMINANTE

§ 616.—Dans cet enchaînement, on peut, à volonté, *supprimer ou non* la quinte de l'accord de septième; on en *double la basse,* si l'on fait la suppression de la quinte.

RÉALISATION A TROIS PARTIES
de l'Accord de septième de dominante

§ 617.—Dans la réalisation à *trois parties,* on *retranche la quinte* de l'accord de *septième de dominante.*(§ 610.)

DE LA PRÉPARATION DE LA SEPTIÈME,
et de son attaque par le mouvement direct

§ 618.— D'après ce que nous avons dit.(§ 595) la septième, *dissonance* dans l'accord qui nous occupe, n'a *pas besoin de préparation.* Lorsque, néanmoins, la note formant septième fait partie de l'accord précédent *il est toujours bon de la préparer.*

§ 619.—Si la note formant septième ne fait pas partie de l'accord qui précède et *ne peut,* dès lors, *être préparée,* il faut, autant que possible, *ne pas attaquer* par le mouvement direct l'intervalle de septième ou celui de seconde qui se trouve, selon la position de l'accord, *entre la fondamentale et la septième.*

EXCEPTIONS

§ 620. — L'intervalle de septième peut être *attaqué* par le mouvement direct : — 1° Lorsque, des deux parties formant cet intervalle, la partie supérieure procède par *degrés conjoints* et la partie inférieure par *degrés disjoints*.
— 2° Lorsque la septième arrive par mouvement ascendant de tierce, alors que la basse monte de seconde.

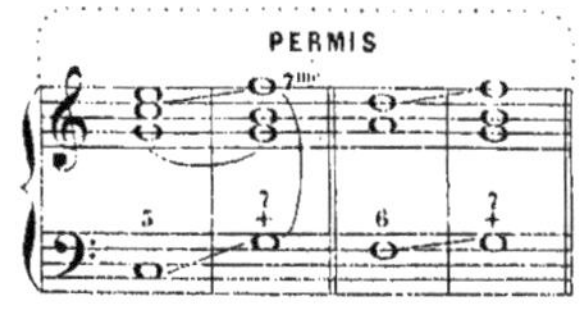

§ 621. — L'intervalle de seconde peut être *attaqué* par le mouvement direct, lorsque *l'une des deux notes* formant cet intervalle a été *préparée* par la *partie voisine*, comme dans les exemples suivants :

§ 622. — On peut, dans des cas analogues à ceux qui suivent, *tolérer* le *mouvement direct* aux *quatre parties* à la fois; parce que les *parties supérieures* procèdent toutes les trois par *degrés conjoints* et qu'*une ou deux* d'entre elles descendent seulement d'un demi-ton.

EXERCICE

Réaliser les accords suivants à *trois* et à *quatre* parties.

Désigner toutes les *tonalités* employées et indiquer le *mouvement ascendant* ou *descendant* des notes à marche contraire.

Chaque exercice doit être fait dans *deux* ou *trois positions*; les unes *serrées* les autres *larges*.

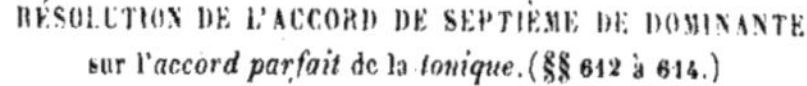

RÉSOLUTION DE L'ACCORD DE SEPTIÈME DE DOMINANTE
sur l'accord *parfait* de la *tonique*. (§§ 612 à 614.)

RÉSOLUTION DE L'ACCORD DE SEPTIÈME DE DOMINANTE
sur l'accord *parfait* du 6ᵐᵉ *degré*. (§ 615.)

RÉSOLUTION DE L'ACCORD DE SEPTIÈME DE DOMINANTE
sur l'accord de *quarte et sixte* du 5ᵐᵉ *degré*. (§ 616.)

CHAPITRE II

ACCORD de QUINTE DIMINUÉE et SIXTE

PREMIER RENVERSEMENT DE L'ACCORD DE SEPTIÈME DE DOMINANTE

§ 623.— Le *premier renversement* de l'accord de septième de dominante se fait sur le *septième degré* des deux modes.

Il se compose d'une *tierce mineure*, d'une *quinte diminuée* et d'une *sixte mineure*.

On l'appelle accord de *quinte diminuée et sixte*.

On le chiffre par $\frac{6}{5}$.

RÉSOLUTION NATURELLE de l'ACCORD de QUINTE DIMINUÉE et SIXTE

§ 624.— Dans la résolution naturelle de cet accord, la *basse* note sensible, doit *monter d'un demi-ton*; la *quinte diminuée*, dissonance, septième de la fondamentale, doit *descendre d'un degré*.

Cette double résolution amène, nécessairement, l'*accord parfait de la tonique* à l'état *fondamental* (Enchaînement par quarte supérieure ou quinte inférieure)

SUPPRESSION ET REDOUBLEMENT DE NOTES

§ 625.— En général, *il n'y a pas lieu* de supprimer ni de doubler aucune note de cet accord, dans l'écriture à *4 parties*.

Pour écrire, à *trois parties* seulement, l'accord de quinte diminuée et sixte, c'est la *tierce*, (quinte de la fondamentale) qu'il en faut *retrancher*.

EXERCICES

Réaliser les accords suivants à *trois* et à *quatre* parties.

Désigner toutes les tonalités employées.— Indiquer le mouvement ascendant ou descendant des notes à marche contraire.

Chaque exercice doit être fait dans *deux positions* au moins.

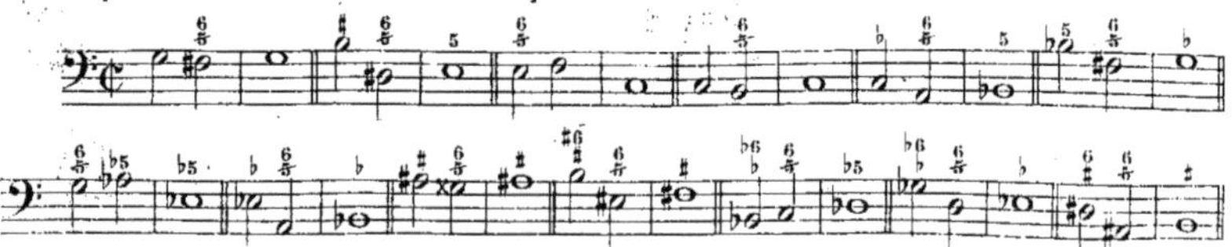

CHAPITRE III

ACCORD DE SIXTE SENSIBLE

DEUXIÈME RENVERSEMENT DE L'ACCORD DE SEPTIÈME DE DOMINANTE

§ 626.— Le *deuxième renversement* de l'accord de septième de dominante se fait sur le *2ᵈ degré* des deux modes.

Il se compose d'une *tierce mineure*, d'une *quarte juste* et d'une *sixte majeure* :

On l'appelle accord de *sixte sensible*.

On le chiffre par +6. (La petite croix placée devant le 6 indique que la sixte est la *note sensible*)

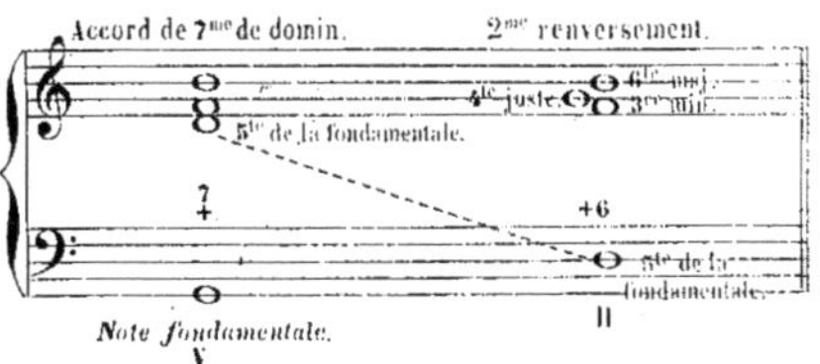

RÉSOLUTION NATURELLE de l'ACCORD de SIXTE SENSIBLE

§ 627.— Dans la résolution naturelle de l'accord de sixte sensible, *la tierce (dissonance,* comme septième de la fondamentale*) doit descendre* d'un degré; *la sixte* (note sensible) doit *monter d'un demi-ton*.

Cette *double résolution* conduit à *l'accord parfait de la tonique* à l'état *fondamental* ou à celui de *premier renversement*, (l'accord de sixte de la médiante) (enchaînement par quarte supérieure ou quinte inférieure)

Comme dans le second renversement d'un accord parfait, il est bon de préparer et de sauver la quarte de l'accord de sixte sensible, chaque fois que cela se peut.

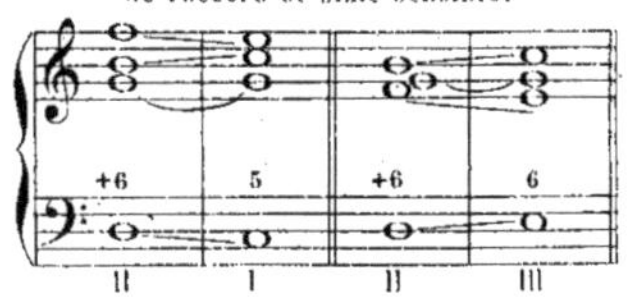

SUPPRESSION ET REDOUBLEMENT DE NOTES

§ 628.—En général, *il n'y a pas lieu* de supprimer ni de doubler aucune note de cet accord, dans l'écriture à *4 parties*.

OBSERVATIONS

Pour donner l'impression de cet accord *dissonant*, il est évident qu'on ne peut en supprimer ni la *tierce* ni la *quarte* qui produisent la *dissonance*.

Avec le *retranchement de la sixte* (note sensible), l'accord n'est pas non plus parfaitement caractérisé.

Aussi, est-il *fort peu usité à trois parties:* on le remplace ordinairement, en pareil cas, par l'accord de *sixte* ou celui de *quarte et sixte* du 2ᵈ degré. (§ 337)

On peut, cependant, pratiquer à *trois parties* ce 2ᵐᵉ renversement de la septième de dominante, avec *préparation obligée de la quarte* et *suppression de la sixte;* lorsque les accords qui l'avoisinent, ne laissant aucun doute sur la tonalité, permettent à l'oreille de *sous-entendre* cette *note sensible* supprimée.

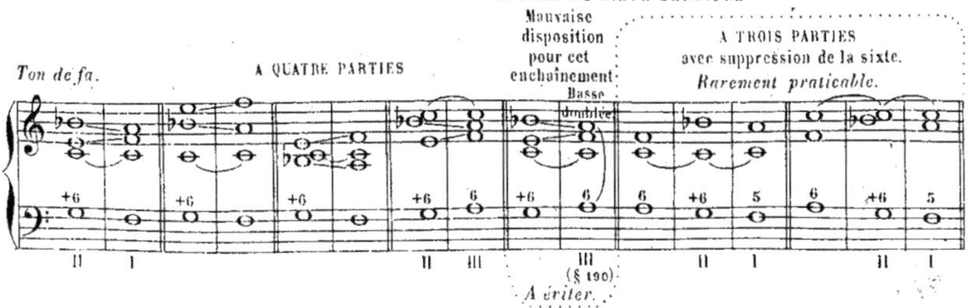

A.L.6501.

EXERCICES

Réaliser les accords suivants à *quatre parties.*

Désigner toutes les tonalités employées et indiquer le mouvement ascendant ou descendant des notes à marche contrainte.

Chaque exercice doit être fait dans *deux positions.*

CHAPITRE IV

ACCORD DE TRITON

TROISIÈME RENVERSEMENT DE L'ACCORD DE SEPTIÈME DE DOMINANTE

§ 629.— Le *troisième renversement* de l'accord de septième de dominante se fait sur le *4me degré* des deux modes.

Il se compose d'une *seconde majeure,* d'une *quarte augmentée* et d'une *sixte majeure.*

On l'appelle accord de *triton,* à cause de sa *quarte augmentée,* intervalle de *trois tons.*

On le chiffre par +4 (La petite croix placée devant le 4 indique que la quarte de cet accord est la *note sensible)*

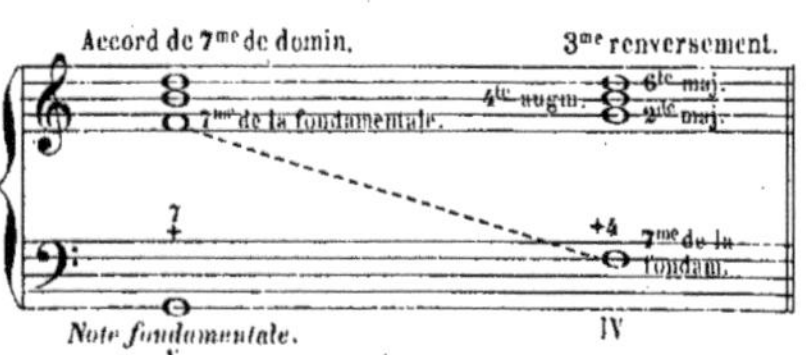

RÉSOLUTION NATURELLE de l'ACCORD de TRITON

§ 630.— Dans la résolution naturelle de cet accord, *la basse (dissonance* comme septième de la fondamentale) *doit descendre* d'un degré; la *quarte augmentée,* note sensible, doit *monter à la tonique.*

Cette *double résolution* amène l'*accord de sixte de la médiante.* (Ier renversement de l'accord de tonique.) (Enchaînement par quarte supérieure ou quinte inférieure.)

SUPPRESSION ET REDOUBLEMENT DE NOTES

§ 631.— En général, *il n'y a pas lieu* de supprimer ni de doubler aucune note de cet accord dans l'écriture à *4 parties.*

Pour réaliser à *3 parties* l'accord de triton, c'est la sixte (quinte de la fondamentale) qu'il convient d'en retrancher.

EXERCICES

Réaliser les accords suivants, à *trois* et à *quatre* parties.

Désigner toutes les tonalités employées. — Indiquer le mouvement ascendant ou descendant des notes à marche contrainte.

Chaque exercice doit être fait dans *deux positions* au moins.

CHAPITRE V

SUPPRESSION et REDOUBLEMENT de NOTES
dans l'accord de septième de dominante et ses renversements

CAS EXCEPTIONNELS

SUPPRESSION DE LA TIERCE
dans l'accord de septième de dominante fondamental

§ **632.** — On supprime rarement la tierce d'un accord de septième de dominante; néanmoins, certaines *convenances mélodiques* peuvent motiver cette suppression. On peut dans ce cas, chiffrer cet accord par $\frac{7}{5}$ ou $\frac{7}{5}$.

OBSERVATIONS

Il est à remarquer: 1° que l'accord parfait de la dominante qui *précède* ou qui *suit* celui de 7ᵐᵉ *complète* ce dernier en en faisant entendre la *tierce*; 2° que ces deux accords ne font qu'un, en réalité; puisque l'accord de 7ᵐᵉ contient en lui l'accord parfait, et qu'on peut envisager ce changement d'accord comme un simple *changement de position* de l'accord de 7ᵐᵉ; 3° que la résolution de la 7ᵐᵉ peut être *différée*, mais qu'elle a toujours lieu. (Exemples *A*)

Il faut observer également que l'accord de 4ᵗᵉ et 6ᵗᵉ qui sert d'*intermédiaire* entre l'accord parfait et celui de septième, et *vice versâ*, est un véritable *accord de passage*, servant à *relier* deux positions de l'accord de 7ᵐᵉ, qui, à *elles deux*, donnent cet accord absolument complet. (Exemples *B*)

SUPPRESSION DE DIVERSES NOTES
dans les renversements de la septième de dominante

§ 633.— Ainsi qu'on l'a vu (§§ 625, 628, 631) il est rare qu'on retranche une note quelconque des *renversements* de la septième de dominante, à *4 parties*.

Cependant, les raisons exposées au § 632 sont applicables aux renversements comme à l'accord fondamental, et peuvent motiver ou permettre les suppressions suivantes :

1° — Accord de *quinte diminuée et sixte*, suppression de la *tierce*;

2° — Accord de *sixte sensible*, suppression de la *sixte*;

3° — Accord de *triton*, suppression de la *quarte* ou de la *sixte*.

REDOUBLEMENT de la FONDAMENTALE et de sa QUINTE

§ 634.— Dans tous ceux des exemples précédents qui, par suite d'une suppression de note, ont nécessité un *redoublement*, c'est la *fondamentale* que nous avons *doublée*. Ce *redoublement de la fondamentale* est, en effet, le *meilleur* qu'on puisse faire dans la plupart des cas.

Toutefois, rien ne s'oppose à ce qu'on *double* la *quinte* de la fondamentale, puisqu'elle n'a point non plus de mouvement obligé.

L'*un* de ces *redoublements* est toujours nécessaire, et parfois *tous les deux*, lorsqu'on écrit l'accord de septième fondamental ou renversé à 5 ou 6 parties.

CHAPITRE VI

EMPLOI de l'ACCORD de SEPTIÈME de DOMINANTE
et de ses renversements en résolution naturelle
sur la basse donnée

ACCORD FONDAMENTAL

§ 635. — L'accord de *septième de dominante* en *résolution naturelle* trouve son emploi, sur le *5me degré* des deux modes, dans les cas suivants:

1° — Lorsque la *dominante*, placée à la *basse*, y est suivie de la *tonique*;

2° — Lorsque la *dominante* monte d'un degré à la *sus-dominante*.

Dans ces deux cas l'accord de septième fait sa *résolution* sur un *accord parfait* à l'état *fondamental*.

3° — Enfin, on peut placer cet accord de septième sur une *tenue* de la *dominante*, avec résolution sur l'accord de *quarte et sixte* du même degré.

La permutation d'octave équivaut à une *tenue*. (2me exemple.)

PREMIER RENVERSEMENT

§ 636. — L'accord de *quinte diminuée et sixte* en *résolution naturelle* s'emploie, dans les deux modes, sur le *7me degré* montant à la *tonique*, laquelle porte, nécessairement, l'accord *parfait*.

DEUXIÈME RENVERSEMENT

§ 637. — L'accord de *sixte sensible* est surtout d'un bon effet lorsqu'on en *prépare* la *basse* ou la *quarte*. (Voir la note (*) au bas de la page 59.)

Il s'emploie, dans les deux modes, sur le *2d degré* descendant au *1er* ou montant au *3me*.

Le *1er degré* porte, alors, l'accord *parfait*; le *3me degré*, l'accord de *sixte*.

Dans ces deux cas, la quarte se trouve *sauvée*.

EXEMPLES

TROISIÈME RENVERSEMENT

§ 638. — *L'accord de triton en résolution naturelle,* trouve son emploi, dans les deux modes, sur le *4me degré* descendant au *3me*, lequel porte, forcément, *l'accord de sixte.*

(L'accord de triton est d'un mauvais effet lorsqu'il suit immédiatement l'accord parfait du 6me degré. Cela tient, sans doute, à l'absence de toute note commune entre ces deux accords.)

De l'ACCORD de SEPTIÈME de DOMINANTE dans les CADENCES

§ 639. — L'accord de *septième de dominante* à l'état *fondamental* est fort usité dans les *cadences.*

Sa résolution sur l'accord *parfait* de la *tonique* produit la *cadence parfaite.*

Celle qui a lieu sur l'accord *parfait* du *6me degré* produit la *cadence rompue.*

Celle qui se fait sur l'accord de *quarte et sixte* du *5me* ou *même degré,* produit une *cadence imparfaite.* (Celle-ci peu usitée) Voir § **274**, dernier exemple.

La *cadence* à la *dominante* se fait quelquefois par un *repos* sur l'*accord de septième.* (Après un tel repos, on peut, parfois, *se dispenser* de faire monter la tierce de l'accord de septième.)

Enfin, on se sert, fort souvent, de cet accord dans les *cadences évitées.* (Ces dernières, étant avec résolution exceptionnelle, seront données plus loin.)

La *cadence plagale* est la seule dans laquelle l'accord de septième de dominante ne puisse jouer aucun rôle.

Des RENVERSEMENTS de l'ACCORD de SEPTIÈME de DOMINANTE
dans les Cadences

§ 640.—Les *renversements* de l'accord de *septième de dominante* ne peuvent produire que des *cadences imparfaites* ou des *cadences évitées.*

Les *formules* de *cadence imparfaite* B.D. sont fort usitées dans les *cadences suspendues.*

EXERCICES

Chiffrer les basses données suivantes, en ayant le soin d'employer à propos l'accord de *septième de dominante* et ses *trois renversements* en *résolution naturelle.*

Après vérification des chiffres, *réaliser* ces leçons à *quatre parties.*

LEÇONS UNITONIQUES

(*) *Note sensible* montant d'une *sixte; licence* permise dans la *cadence imparfaite.* (§ 262)

MODULATIONS AUX TONS VOISINS
effectuées au moyen de l'accord de septième de dominante et de ses renversements, en résolution naturelle.

§ 641.—Nous avons dit (§ 405) que, parmi les *accords de trois sons*, les plus favorables pour *moduler* aux *tons voisins* étaient l'*accord parfait* du 5ᵐᵉ degré et l'accord de *quinte dimi - nuée* du 7ᵐᵉ.

On conçoit, dès lors, que l'accord de *septième de dominante*, qui les contient, à la fois, *tous les deux*, soit plus puissant encore pour opérer ce genre de modulation.

§ 642.—Ces *modulations* aux *tons voisins* sont, en effet, on ne peut mieux déterminées par l'accord de *septième de dominante fondamental* ou *renversé* du ton où l'on veut passer. Cet accord contient toujours la *note caractéristique principale* d'un *ton voisin* quelconque par rapport au *ton primitif;* et même, il renferme souvent, en outre, une *note caractéristique secondaire*.

Sa *puissance tonale* est telle que, même entendu *seul*, il accuse très-énergiquement le *ton*, parce que la disposition de ses notes ne peut se rencontrer que sur le *5ᵐᵉ degré* d'une gamme. Quant au *mode*, on sait déjà que, par lui-même, l'accord de septième de dominante ne peut le caractériser, puisqu'il appartient également au *majeur* et au *mineur*.

EXERCICES

Chiffrer les *basses données* suivantes, en ayant le soin d'employer l'accord de *septième de dominante, fondamental* ou *renversé*, pour opérer les diverses *modulations* qu'elles contiennent.

Après vérification des chiffres, *réaliser* ces leçons à *quatre* parties.

MODULATIONS ENTRE TONS VOISINS

MODULATIONS AUX TONS ÉLOIGNÉS
effectuées au moyen ou à l'aide de l'accord de 7me de dominante
et de ses renversements en résolution naturelle

§ **643.**—On a vu (§ 436) comment, au moyen de *modulations successives* entre tons voisins poursuivies *dans une même direction* (relativement aux rapports des tonalités) on peut toujours parvenir aux tons *les plus éloignés*.

L'accord de *septième de dominante* fondamental ou renversé est des plus favorables à ce système de modulation.

§ **644.**—De plus, sa qualité d'accord *commun* aux *deux modes* se prête fort bien à l'*équivoque* et permet de le résoudre en *majeur* alors qu'on s'attend au mode *mineur* et, réciproquement, en *mineur* lorsqu'il s'annonçait en *majeur*.

Par ce *changement de mode*, obtenu à l'aide de l'*équivoque*, on abrège considérablement, la route à parcourir, laquelle serait, parfois, longue et fastidieuse si l'on ne disposait que du premier moyen.

§ 645.— La *cadence rompue* empruntée au *mode mineur* par le *mode majeur* conduit *plus promptement* encore à certaines tonalités, (celles qui ont 4 ou 5 *dièses*, etc...en moins ou bien 4 ou 5 *bémols* etc...en plus que le ton primitif.) Car, en pareil cas, on peut s'établir *au ton de* la *sus-dominante mineure*, à laquelle aboutit *cette cadence*.

Ou se servir de *ce ton*, qu'on peut considérer comme *établi*, pour aller *au-delà*, par une *nouvelle modulation*.

MODULATION de RÉ MAJEUR en SI ♭ MAJEUR
opérée au moyen de la *cadence rompue* empruntée à
ré mineur par *ré majeur*.

MODULATION de RÉ MAJEUR en MI ♭ MAJEUR
abrégée par le moyen de la *cadence rompue* empruntée à
ré mineur par *ré majeur*.

EXERCICES

Chiffrer les *basses données* suivantes, en ayant le soin d'employer, autant que possible, l'accord de *septième de dominante*, *fondamental* ou *renversé*, pour opérer les diverses *modulations* qu'elles contiennent.
Après vérification des chiffres, *réaliser* ces leçons à *quatre* parties.

MODULATIONS AUX TONS ÉLOIGNÉS

MODULATIONS SUCCESSIVES ENTRE TONS VOISINS
qui, poursuivies dans une *même direction*, font parvenir à des *tons éloignés*. (§ 643)

MÊMES MODULATIONS ÉLOIGNÉES QUE CELLES DE LA LEÇON PRÉCÉDENTE
lesquelles sont obtenues *plus rapidement* grâce à l'*équivoque* et au *changement de mode*. (§ 644)

MODULATIONS ÉLOIGNÉES

opérées *brusquement* au moyen de la *cadence rompue* empruntée au *mode mineur* par le *mode majeur*. (§ 645)

MARCHES D'HARMONIE
avec emploi de l'accord de septième de dominante
et de ses renversements en résolution naturelle

Ces marches sont nécessairement *modulantes*.
Leur sont applicables, toutes les règles énoncées aux §§ 287 et suivants, 442 et suivants.

EXERCICE

Achever celles des marches suivantes qui ne sont que commencées, de manière à ce qu'elles aient sept ou huit mesures chacune; puis, les réaliser toutes, avec le *nombre de parties indiqué* et dans les *positions désignées*.

CHAPITRE VII

EMPLOI de l'ACCORD de SEPTIÈME de DOMINANTE
et de ses renversements, en résolution naturelle,
sous le chant donné

§ 646.—Sous le 5me degré tenu ou répété à une octave quelconque, on peut employer l'accord de *septième de dominante* ou l'un de ses *trois renversements* avec *résolution* sur *l'accord parfait* de la *tonique*, *fondamental* ou *renversé* selon le cas.

§ 647.—Sous le 5me degré, *montant* d'une *quarte*, à la *tonique*, on emploie, le plus souvent, l'accord de *triton* avec *résolution* sur l'accord de *sixte* de la *médiante*. Mais on peut aussi y placer l'accord de *sixte sensible* ou l'accord de *septième de dominante fondamental*, celui-ci avec *résolution* sur l'accord de *quarte et sixte* du même degré (5me).

§ 648.—Sous le 5me degré, *descendant* d'une *quinte*, à la *tonique*, c'est également l'accord de *triton* avec sa *résolution* sur l'accord de *sixte* de la *médiante*, qu'on emploie le plus souvent. On peut encore y placer l'accord de *septième de dominante fondamental* ou l'accord de *quinte diminuée et sixte*.

§ 649.—Dans une *cadence finale*, on tolère les *deux octaves* par *mouvement contraire* qui résultent de la chûte du 5me au 1er degré ayant lieu, à la fois, au *chant* et à la *basse*.

§ 650.—Le 5me degré *descendant* d'une *tierce*, ne peut, en aucun cas, être accompagné de l'accord de septième de dominante fondamental ou renversé.

§ 651.—Sous le *7ᵐᵉ degré montant* à la *tonique,* on peut employer l'accord de *septième de dominante,* l'accord de *sixte sensible* ou l'accord de *triton* avec l'une quelconque des *résolutions naturelles* de ces accords.

7ᵐᵉ DEGRÉ MONTANT A LA TONIQUE

§ 652.—Sous le *2ᵐᵉ degré descendant* au *1ᵉʳ,* on peut placer l'accord de *septième de dominante,* l'accord de *quinte diminuée et sixte* ou l'accord de *triton* avec l'une quelconque de leurs *résolutions naturelles.*

2ᵐᵉ DEGRÉ DESCENDANT AU 1ᵉʳ

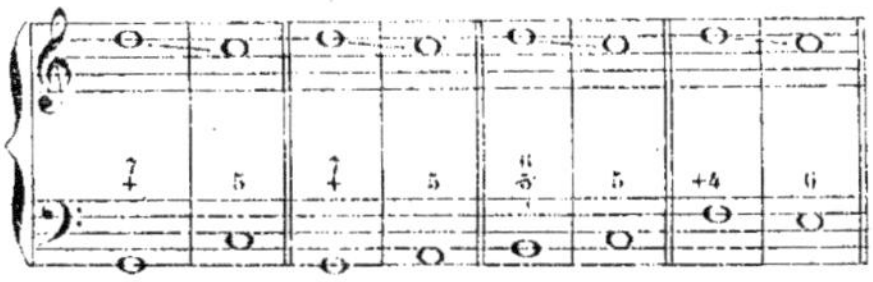

§ 653.—Sous le *2ᵐᵉ degré montant* au *3ᵐᵉ,* on ne peut employer que l'accord de *septième fondamental* ou son *1ᵉʳ renversement,* avec *résolution* sur l'accord de *tonique,* ou encore, la *septième de dominante* se résolvant sur l'accord de *quarte et sixte* du même degré (le 5ᵐᵉ).

2ᵐᵉ DEGRÉ MONTANT AU 3ᵐᵉ

§ 654.—Sous le *2ᵐᵉ degré montant de quarte* ou *descendant de quinte,* on emploie, surtout, l'accord de *triton* avec *résolution* sur l'accord de *sixte* de la *médiante.* On peut aussi y placer l'accord de *septième fondamental* se résolvant sur l'accord de *quarte et sixte* du même degré (le 5ᵐᵉ) ou, si le *2ᵐᵉ* degré *descend de quinte,* l'accord de *quinte diminuée et sixte* avec sa *résolution naturelle.*

2ᵐᵉ DEGRÉ
MONTANT DE 4ᵗᵉ OU DESCENDANT DE 5ᵗᵉ

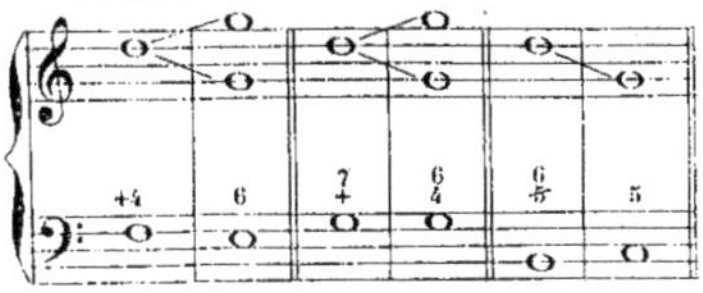

§ 655.—Sous le *4ᵐᵉ degré descendant* au *3ᵐᵉ,* on peut employer l'accord de *septième de dominante* avec l'une de ses *résolutions naturelles* quelconques, l'accord de *quinte diminuée et sixte* ou l'accord de *sixte sensible,* celui-ci, avec *résolution* sur l'accord *parfait* de la *tonique* à l'état *fondamental.*

4ᵐᵉ DEGRÉ DESCENDANT AU 3ᵐᵉ

OBSERVATIONS

§ 656.—Lorsque, dans une *phrase unitonique*, il y a lieu d'employer *plusieurs fois* l'accord de *septième de dominante*, il est bon de se servir, successivement, des *divers états* de cet accord, ainsi que des *différentes résolutions naturelles* de l'accord fondamental et de son second renversement, afin d'obtenir une *basse* plus *chantante* et de la *variété* dans l'harmonie.

CHANT DONNÉ

EMPLOI
de divers états de l'accord de septième de dominante.

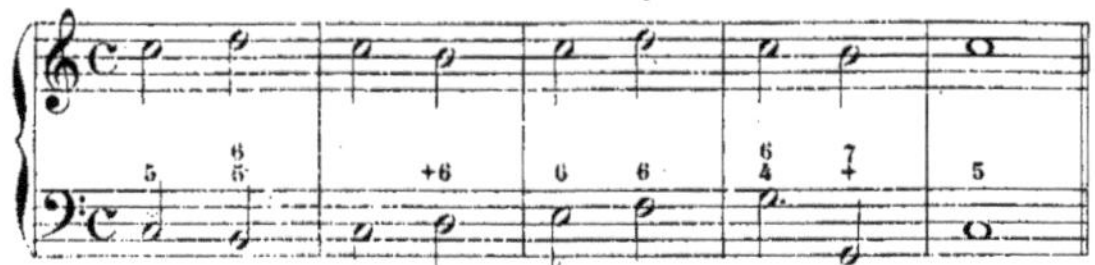

MÊME CHANT

accompagné au moyen de l'accord de septième de dominante fondamental.

A ÉVITER

Plat et monotone.

EXERCICE

Trouver la *basse* et l'*harmonie* des *chants donnés* suivants; en ayant le soin d'employer, à propos, et de préférence à tout autre, l'accord de *septième de dominante fondamental* ou *renversé* en *résolution naturelle*.

CHAPITRE VIII

ACCORDS BRISÉS

CHANGEMENTS de POSITION et ÉCHANGES de NOTES

§ 657.— On peut *changer la position* d'un accord de *septième de dominante, fondamental* ou *renversé*, pendant sa durée.

On n'a égard qu'à la *dernière position* de l'accord, pour la *résolution* des notes à *mouvement obligé.*[*]

Relativement aux *changements de position de la basse, aux échanges de notes* etc., consulter les §§ 205 à 215.

§ 658.— En principe, les *notes à mouvement obligé* ne doivent pas se trouver *doublées* par le fait d'un *changement de position*; à moins que cela n'ait lieu en *valeur très-brève*, sur la *partie faible* d'un temps, et que cela ne constitue pas la *dernière position* de l'accord. En effet, la *résolution* de la *note doublée* ayant lieu dans *deux parties à la fois*, il en résulterait infailliblement *deux octaves consécutives.*

(*) *Toutes les notes* à mouvement obligé doivent finir par *se résoudre* dans une partie ou dans une autre.

ÉCHANGES DE NOTES AVEC NOTES DE PASSAGE

§ 659.—Les *échanges de notes* se font souvent avec addition de *notes de passage;* lesquelles servent à *relier,* par *degrés conjoints,* les *notes essentielles* qui ont entre elles un intervalle de *tierce.*

Il est à remarquer qu'on se sert toujours de la *même note de passage,* aux *deux parties* qui font *ces échanges.*

§ 660.—Si l'on veut avoir la *basse doublée* dans l'accord de *septième fondamental,* lorsqu'il est *précédé* ou *suivi* de son *1er renversement;* on peut, au lieu de faire l'*échange,* procéder par *tierces* entre l'*une* des parties supérieures et la *basse,* les deux autres parties conservant leurs notes.

Dans ce cas, si l'on se sert d'une *note de passage,* elle n'est pas la même aux deux parties: elles sont à la *tierce* l'une de l'autre.

EXERCICES

Réaliser les leçons suivantes à *quatre parties.*

LEÇON EN ACCORDS BRISÉS

ÉCHANGES DE NOTES AVEC NOTES DE PASSAGE

AUTRES EXERCICES

sur l'accord de septième de dominante et ses renversements.

Chiffrer et réaliser à quatre parties les leçons suivantes.

BASSES DONNÉES

ACCORDS BRISÉS OU ARPÉGÉS

ÉCHANGES DE NOTES AVEC NOTES DE PASSAGE

Moderato.

N° 144.

CHANTS DONNÉS

ACCORDS BRISÉS

Andante.

N° 145.

Andantino.

N° 146.

(*) Une leçon peut *commencer* par l'accord de *septième de dominante*. (Exception à la règle du § 364)

(**) Une *note de passage*, pratiquée dans deux parties à la fois, peut tenir lieu d'un *accord de passage* et autoriser une *harmonie syncopée*. (Exception à la règle du § 311)

CHAPITRE IX

RÉSOLUTION EXCEPTIONNELLE
des accords dissonants

§ **661.**—La *résolution* d'un accord dissonant est *exceptionnelle* ou *évitée* lorsqu'elle a lieu sur un accord *qui ne permet pas* aux notes à mouvement obligé de se résoudre selon leur tendance.

ACCORDS DISSONANTS NATURELS
en résolution exceptionnelle

§ **662.**—Dans les accords *dissonants naturels* en *résolution exceptionnelle, deux notes à mouvement obligé peuvent être, à la fois, *détournées* de leur *résolution normale;* mais, le plus souvent, l'exception n'atteint qu'*une seule* de ces notes.

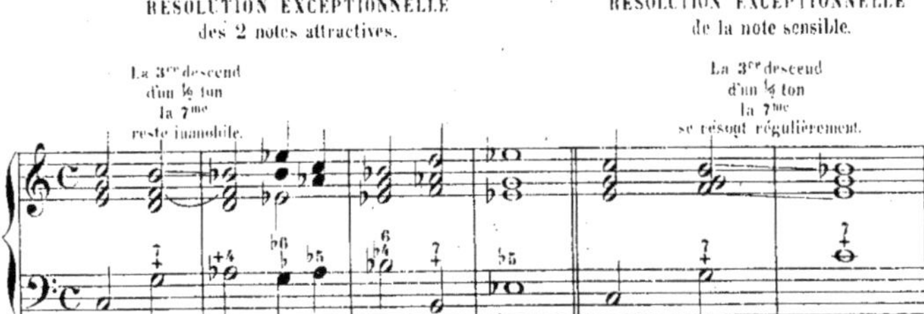

§ **663.**—Dans ces accords, toute note à mouvement obligé qui ne peut se résoudre selon sa tendance, doit: ou *rester immobile*, lorsqu'elle fait partie de l'accord suivant (cela s'appelle une *non-résolution*); ou *procéder par demi-ton*, si l'accord de résolution le permet; ou tout au moins, dans le cas contraire, *ne pas franchir un espace plus grand* que la *seconde majeure*.

EXCEPTION A CETTE RÈGLE.—Voir les deux exemples suivants:

RÉSOLUTIONS EXCEPTIONNELLES
de l'accord de 7ᵐᵉ de dominante et de ses renversements

§ 664.—A part l'enchaînement de l'accord de *septième de dominante* fondamental à *l'accord de sixte* du *6ᵐᵉ* degré, lequel fournit une *cadence rompue,* d'ailleurs peu usitée; toutes les *résolutions exceptionnelles* de l'accord de septième de dominante et de ses renversements sont *modulantes* et peuvent produire des *cadences évitées.*

§ 665.—Ces *cadences évitées* offrent de puissants moyens de *modulation.* Certaines d'entre elles peuvent conduire très promptement à des *tons fort éloignés.*

§ 666.—Ce n'est pas seulement dans les *cadences évitées* ou *rompues* que l'on emploie l'accord de *septième de dominante* et ses renversements en *résolution exceptionnelle;* on s'en sert également dans le *corps d'une phrase,* où ils forment des *modulations,* tantôt *passagères,* tantôt *définitives.*

Ces enchaînements d'accords sont aussi usités dans les *gammes* ou *fragments de gammes chromatiques* ainsi que dans les *marches modulantes*.

ENCHAÎNEMENT
de deux accords de septième de dominante
(par quarte supérieure ou quinte inférieure)

§ 667. — En enchaînant à quatre parties, *deux accords de septième de dominante* fondamentaux par quarte supérieure ou quinte inférieure, on est obligé de *supprimer* la *quinte* de l'un ou l'autre de ces deux accords et d'en *doubler* la *basse*.

Par conséquent, si, dans une *série* d'accords de septième de dominante à quatre parties, le *premier accord* est *complet*, le *deuxième* sera *sans quinte*, mais avec *basse doublée*; le *troisième* sera *complet*, le *quatrième incomplet*, etc... et vice versà si l'on débute par un accord de septième *sans quinte*. (Voir le dernier des exemples ci-dessus ainsi que l'exemple suivant.)

RÉSOLUTIONS EXCEPTIONNELLES
de l'accord de septième de dominante et de ses renversements

EXERCICES

Les enchaînements d'accords suivants doivent être réalisés à quatre parties sauf indication contraire.

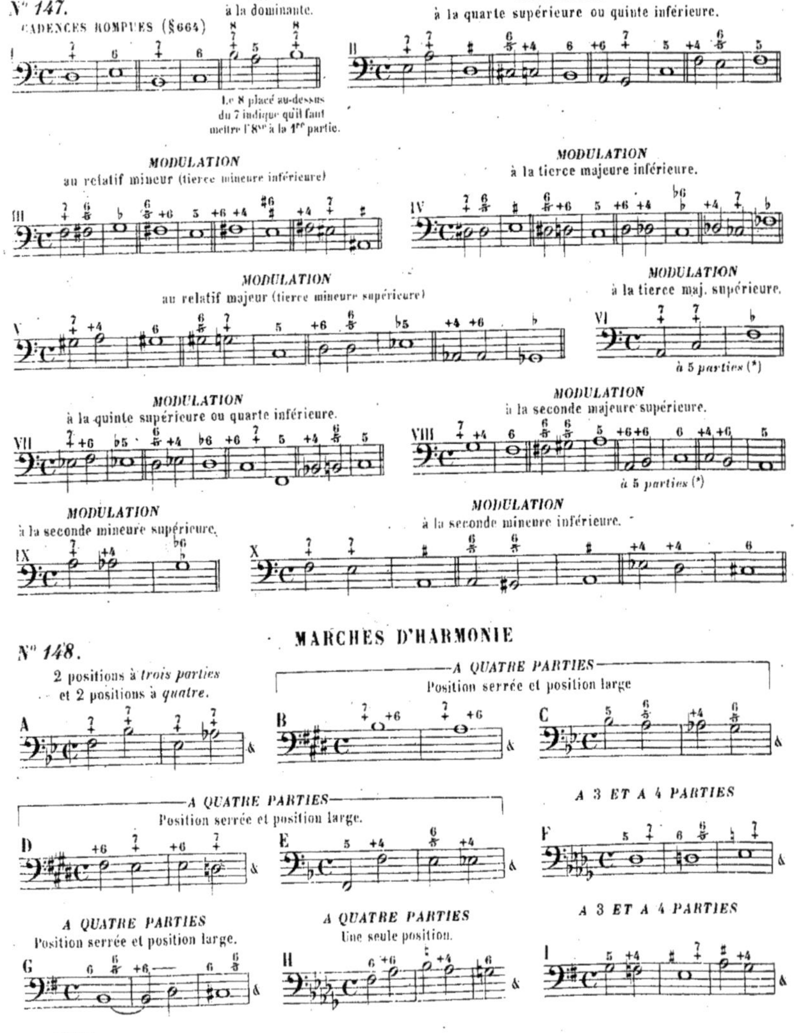

LEÇONS

dont il faut trouver l'harmonie, chiffrer la basse et écrire les deux parties intermédiaires.

BASSES ET CHANTS DONNÉS

N° 149.

(*) Il convient d'ajouter aux règles des §§ 28 et 60 que l'intervalle mélodique de *septième* est permis, dans les deux modes, en descendant du 6ᵐᵉ degré au 7ᵐᵉ, et dans les mêmes conditions que les intervalles de *quinte* et de *quarte diminuées*.

CHAPITRE X

DES BRODERIES
dont on peut orner les notes des accords dissonants naturels

RÈGLES GÉNÉRALES

§ 668.—Pendant la durée d'un *accord dissonant naturel* on peut *broder* chacune de ses notes, soit *isolément*, soit *simultanément*.

BRODERIE SUPÉRIEURE
des notes qui font partie de l'harmonie dissonante naturelle

§ 669.— En général, les notes qui font partie des accords dissonants naturels reçoivent pour *broderie supérieure* le degré diatonique placé à une seconde au-dessus, conformément à la règle du § 536.

(*Mêmes Exemples en mineur*)

BRODERIE INFÉRIEURE
des notes qui font partie de l'harmonie dissonante naturelle

§ 670.— En général, la *broderie inférieure* des notes qui font partie des *accords dissonants naturels* se place à la *seconde mineure* de sa note principale, conformément à la règle du § 537.

Mais, il est certains cas où la *broderie inférieure* du 7me *degré* se fait préférablement à distance d'*un ton* (§ 546); il en est d'autres où cette broderie peut être placée indifféremment à la *seconde majeure* ou à la *seconde mineure*.

FAUSSES RELATIONS PERMISES

§ 671.—On permet les *fausses relations* suivantes, lorsqu'elles sont produites par l'*altération* de la note formant *broderie inférieure*; savoir:
1º L'*octave diminuée* (ex: *I*.) 2º Le *demi-ton chromatique* (ex: *J*.)

(*) La *broderie supérieure* du 2me degré du mode majeur ne doit avoir quelque importance comme durée que si ce 2me degré est placé à la *dixième au-dessous* ou à la *sixte au-dessus* du 4me; à cause du frottement de seconde mineure qui aurait lieu entre le 4me degré et la broderie du 2me si ces deux degrés se trouvaient à *distance de tierce* l'un de l'autre.

BRODERIES SIMULTANÉES
des notes de l'harmonie dissonante naturelle

§ 672. — *Ces broderies* peuvent se faire dans les conditions stipulées au § 550.

§ 673. — Trois broderies simultanées peuvent produire une suite de *quintes diminuées* ou de *quartes augmentées*.

VARIANTES ET IMITATIONS

§ 674. — Au moyen des *broderies* dont on peut orner les *notes* de *l'harmonie dissonante naturelle*. et des *notes de passage* qu'on peut y intercaler, on obtient une foule de *variantes* ou *dessins mélodiques*; lesquels, parfois, donnent lieu à des *imitations* (*)

VARIANTE avec BRODERIE SUPÉRIEURE de la DISSONANCE

VARIANTE avec NOTE DE PASSAGE et BRODERIE SUPÉRIEURE de la DISSONANCE

(*) Dans ces *imitations*, on répond, généralement, à une *dissonance* par une *dissonance semblable*, à une *consonance* par une *consonance*, à une *broderie* par une autre *broderie*, &.

A.L.6501.

EXERCICES

Adapter, aux *quatre marches* suivantes, les *diverses variantes* données plus bas.

Ces variantes forment *des dessins* dans l'une des parties, auxquels on doit répondre par des *dessins semblables* dans une autre partie, pour y produire des *imitations.* (*)

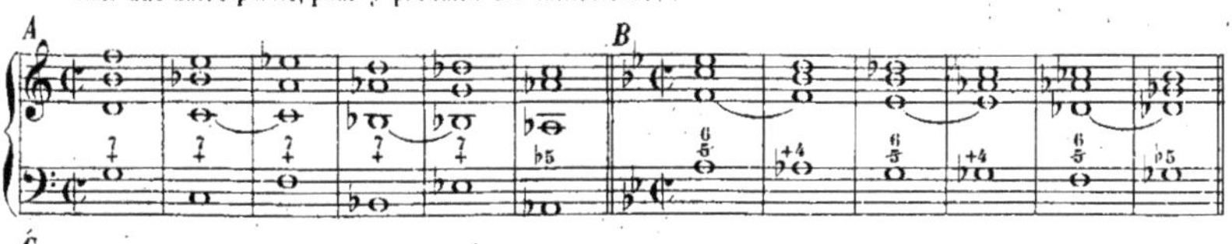

VARIANTES

BRODERIES de la DISSONANCE. (septième de la fondamentale.)

MÊMES MARCHES en RYTHMES TERNAIRES

Achever les marches ci-après commencées.

(*) Il est à remarquer que la plupart de ces *imitations* ont lieu à la *quinte inférieure* ou à la *quarte supérieure* (§ 574)

BRODERIE INFÉRIEURE de la NOTE SENSIBLE (tierce de la fondamentale.)
BRODERIE SUPÉRIEURE de la NOTE SENSIBLE.
BRODERIE INFÉRIEURE et BRODERIE SUPÉRIEURE de la NOTE SENSIBLE.
BRODERIE SUPÉRIEURE de la FONDAMENTALE.
BRODERIE INFÉRIEURE et BRODERIE SUPÉRIEURE de la FONDAMENTALE.
BRODERIE INFÉRIEURE et BRODERIE SUPÉRIEURE de la FONDAMENTALE.
BRODERIES SUPÉRIEURES SIMULTANÉES de la QUINTE et de la SEPTIÈME
(A cinq parties.)
BRODERIES INFÉRIEURES simultanées de la TIERCE et de la QUINTE

ACCORD de SEPTIÈME de DOMINANTE et ses RENVERSEMENTS

NOTES DE PASSAGE, BRODERIES ET IMITATIONS

Trouver l'harmonie des leçons suivantes et les réaliser à quatre parties.

ACCORDS de SEPTIÈME de SENSIBLE
et de Septième diminuée

CHAPITRE I

ÉTAT FONDAMENTAL

§ 675. — On a vu (§ 598) qu'en *retranchant la fondamentale* d'un accord de *neuvième* majeure ou mineure de *dominante,* on restait avec *quatre sons* formant un accord de *septième* établi sur le 7me degré de l'un ou l'autre mode. (*)

<table>
<tr>
<td>

En mode majeur,
cet accord se compose:
de tierce mineure, quinte diminuée
et *septième mineure*.
On l'appelle:
ACCORD de SEPTIÈME de SENSIBLE,
Ou le chiffre par $\frac{7}{5}$

</td>
<td>

En mode mineur,
cet accord se compose:
de tierce mineure, quinte diminuée
et *septième diminuée*.
On l'appelle:
ACCORD de SEPTIÈME DIMINUÉE,
On le chiffre par 7

</td>
</tr>
</table>

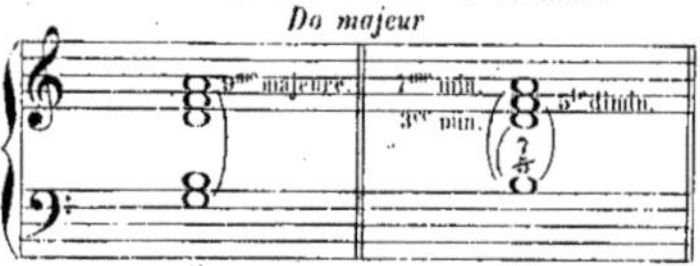

RÉSOLUTION NATURELLE
des Accords de septième de sensible et de septième diminuée

§ 676. — La *résolution naturelle* de ces *deux accords* a lieu sur l'accord *parfait de la tonique* à l'état fondamental.

Dans cette résolution, la *note sensible* (basse de l'accord) *monte* à la tonique; la *quinte* et la *septième* doivent *descendre* d'un degré.

§ 677. — On peut faire la *résolution anticipée* de la septième; on se trouve alors avec *l'accord de quinte diminuée et sixte*; la résolution de la note sensible et de sa quinte diminuée se fait ensuite. On peut chiffrer ainsi ces deux accords dans le *mode majeur*: $\frac{7}{5}$ $\frac{6}{}$. Pris dans le *sens inverse,* on peut les chiffrer: $\frac{6}{5}$ $\frac{7}{}$.

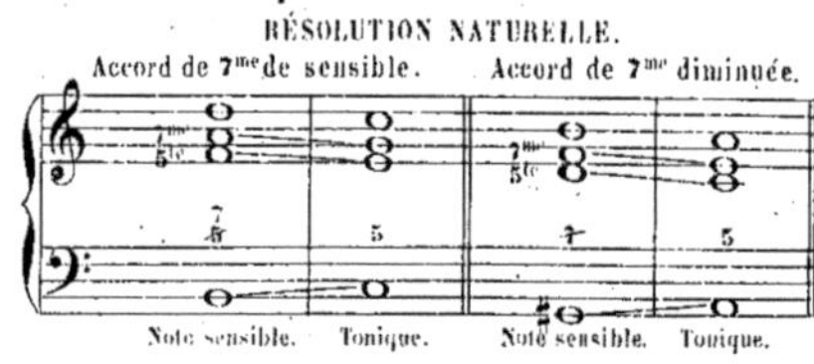

(*) Beaucoup de théoriciens ne considèrent ces accords de *septième de la note sensible* que comme des *accords de neuvième de dominante privés de leur fondamentale.*

(**) Cet accord est, en réalité, la *septième de sensible du mode mineur,* on ne lui donne la dénomination d'accord de *septième diminuée* que pour le distinguer de celui du mode majeur.

Il nous arrivera de désigner ces deux accords sous la dénomination collective de: *accords de septième de sensible.*

PRÉPARATION DE LA DISSONANCE
dans l'Accord de Septième de sensible

§ 678.— On sait déjà (§ 595) que dans les *accords dissonants naturels* la dissonance peut se passer d'une préparation.

Néanmoins, l'accord de *septième de sensible du mode majeur*, attaqué sans préparation, produit, souvent, un effet *assez rude*. C'est pourquoi *il est bon d'en préparer*, autant que possible, ou *la basse* ou *la septième*, CELLE-CI SURTOUT.

DISPOSITION de l'ACCORD de SEPTIÈME de SENSIBLE

§ 679.— Quand cet accord est fait *sans préparation*, les meilleures dispositions sont celles où la *septième* occupe la *partie supérieure*.

Mais, lorsqu'elle est *préparée, cette note* peut convenir aux *parties intermédiaires*.

DISPOSITION de l'ACCORD de SEPTIÈME DIMINUÉE

§ 680.— L'accord de *septième diminuée* peut toujours être *attaqué* sans aucune préparation, dans quelque position que l'on soit.

RÉALISATION à 3 et à 4 PARTIES
des Accords de 7me de sensible et de 7me diminuée à l'état fondamental

§ 681.— Les *bonnes notes* de ces accords étant la *basse*, la *quinte* et la *septième*, c'est la *tierce* que l'on en *retranche*, ordinairement, lorsqu'on ne veut que *trois parties*.

A *quatre parties*, il n'y a pas lieu d'en supprimer ni d'en doubler aucune note.

EXERCICE

Réaliser les groupes d'accords suivants à *trois* et à *quatre* parties; tantôt en position *serrée*, tantôt en position *large*, et désigner la *tonalité* à laquelle appartient chaque groupe.

CHAPITRE II

ACCORDS DE QUINTE ET SIXTE SENSIBLE

1er RENVERSEMENT des ACCORDS de 7me de SENSIBLE et de 7me DIMINUÉE

§ 682. — *Le premier renversement* des accords de septième de sensible et de septième diminuée se fait sur le *2me degré*, l'un en *majeur* l'autre en *mineur*.

En mode majeur,
cet accord se compose:
de tierce mineure, *quinte juste*
et sixte majeure.
On l'appelle:

ACCORD de QUINTE et SIXTE SENSIBLE
On le chiffre par $^{+6}_5$ ou $^5_{+6}$

Accord
de quinte et sixte sensible.

Accord
fondamental.

En mode mineur,
cet accord se compose:
de tierce mineure, *quinte diminuée*
et sixte majeure.
On l'appelle:

ACCORD de QUINTE DIMINUÉE et SIXTE SENSIBLE
On le chiffre par $^{+6}_5$

Accord
de quinte dimin. et sixte sensible.

Accord
fondamental.

DISPOSITION de l'ACCORD de QUINTE et SIXTE SENSIBLE
(mode majeur)

§ 683. — La *quinte* de cet accord (la dissonance) convient surtout à la *partie supérieure*; elle doit, en tout cas, être placée *au-dessus de la sixte* de manière à former avec celle-ci un *intervalle de septième*.

§ **684.**— Comme son accord fondamental, ce premier renversement n'a besoin d'*aucune préparation*; néanmoins, il produit un bien meilleur effet lorsqu'on en *prépare* la *quinte* ou la *sixte*.

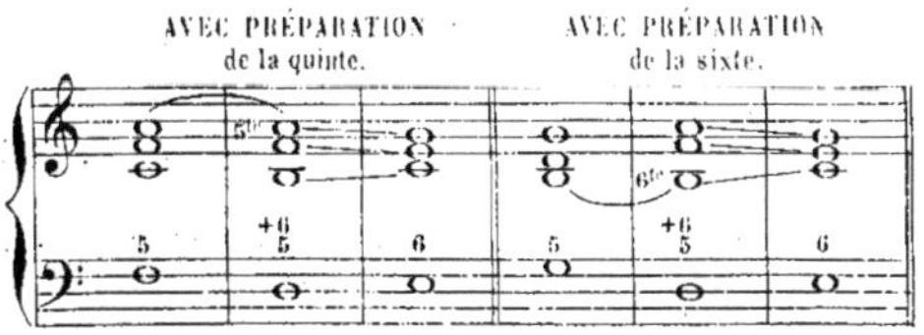

DISPOSITION de l'ACCORD de QUINTE DIMINUÉE et SIXTE SENSIBLE

§ **685.**— Cet accord est bon *dans toutes les positions* et n'a jamais besoin de préparation.

SUPPRESSION ET REDOUBLEMENT DE NOTES

§ **686.**— Il n'y a jamais lieu de *supprimer* ni de *doubler* aucune note des accords de *quinte et sixte sensible* dans l'écriture à *quatre parties*.

Pour les écrire à *trois parties* (ce qui se fait rarement, surtout en majeur,) il faudrait en *retrancher la tierce*.

RÉSOLUTION NATURELLE
des Accords de Quinte et Sixte sensible des deux modes

§ **687.**— Dans la *résolution naturelle* de ces accords, la *tierce* et la *quinte* doivent *descendre* d'un degré, la *sixte* (note sensible) doit *monter* à la *tonique*.

Cette *triple résolution* des notes à mouvement obligé conduit à *l'accord de sixte* de la *médiante* ou à *l'accord parfait* de la *tonique*: Celui-ci n'est possible qu'à la *condition expresse* d'avoir fait préalablement, la *résolution anticipée* de la *quinte* (*) sans quoi l'on aurait *deux quintes consécutives* avec la *basse*.

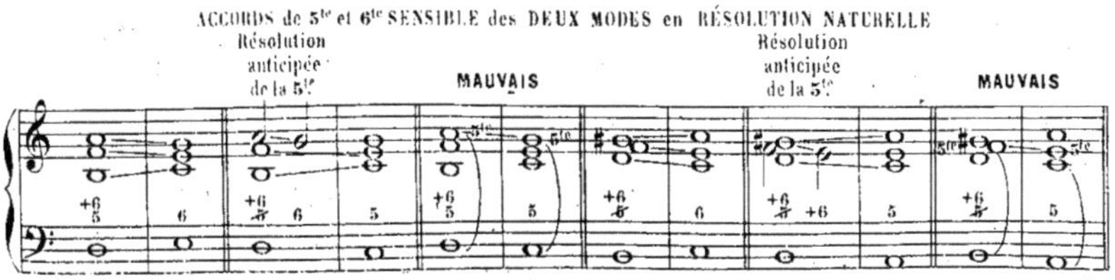

(*) Cette *résolution anticipée* de la quinte sur la quarte produit l'accord de *sixte sensible* 2me renversement de la septième de dominante. On peut chiffrer ainsi ces deux accords $\frac{5\ 4}{+6}$ ou $\frac{+6}{5\ 4}$. Pris dans le *sens inverse* on peut les chiffrer $\frac{5}{+6}$ ou $\frac{+6}{5}$.

§ **688.**— Quelquefois, dans la *résolution immédiate* des accords de *quinte et sixte sensible* des deux modes sur l'*accord de sixte* de la *médiante*, on peut faire *monter* la *tierce* du 1er accord sur la *tierce* du 2^d.

C'est surtout lorsque *les deux parties les plus graves* sont *disposées en tierce* qu'on peut se permettre *cette licence*, afin d'éviter l'*unisson* qu'amènerait, entre ces deux parties, la résolution normale de la tierce.

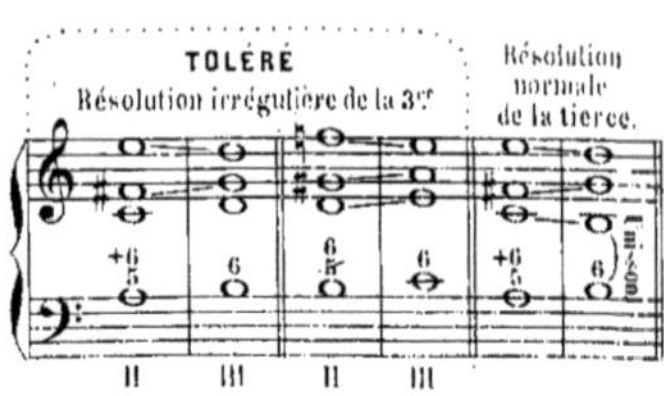

EXERCICE

Réaliser les *groupes d'accords* suivants à quatre parties, tantôt en position *serrée*, tantôt en position *large*. Désigner la tonalité à laquelle appartient chaque groupe.

CHAPITRE III

ACCORDS DE TRITON ET TIERCE
majeure ou mineure

2me RENVERSEMENT des ACCORDS de 7me de SENSIBLE et de 7me DIMINUÉE

§ **689.**— Le *deuxième renversement* des accords de *septième de sensible* et de *septième diminuée* se fait sur le 4me degré, l'un en *majeur*, l'autre en *mineur*.

En mode majeur,
cet accord se compose:
de tierce *majeure*, quarte augmentée
et sixte majeure.
On l'appelle:
ACCORD de TRITON et TIERCE MAJEURE
On le chiffre par $+\frac{4}{3}$ ou $+\frac{4}{\frac{2}{5}}$ $+\frac{4}{\frac{2}{5}}$

En mode mineur,
cet accord se compose:
de tierce *mineure*, quarte augmentée
et sixte majeure.
On l'appelle:
ACCORD de TRITON et TIERCE MINEURE
On le chiffre par $+\frac{4}{3}$ ou $+\frac{4}{\frac{2}{5}}$ $+\frac{4}{\frac{2}{5}}$

DISPOSITION de l'ACCORD de TRITON et TIERCE MAJEURE

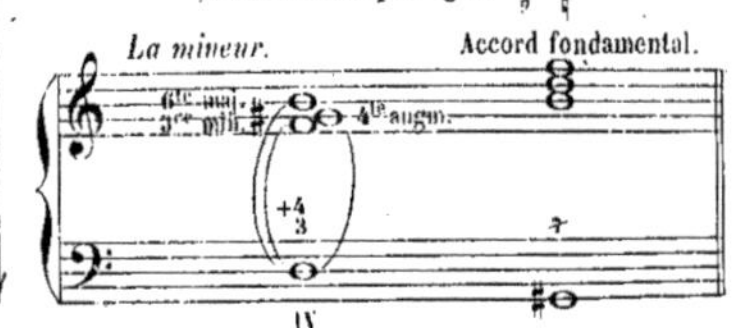

§ **690.**— La *tierce* de cet accord (la dissonance) convient surtout à la *partie supérieure*; et en tout cas, elle doit être placée *au-dessus de la quarte*, de manière à former avec celle-ci un *intervalle de septième*.

§ 694.—L'accord de *triton et tierce majeure* n'a besoin d'*aucune préparation*. Il est même plus doux que les autres renversements de la septième de sensible et peut s'employer avec moins de précautions.

Pourtant, il est mieux d'en *préparer* la *tierce* ou la *quarte* lorsque cela se peut.

PRÉPARATION de la 3ce
dans l'accord
de *triton et 3ce majeure*.

PRÉPARATION de la 4te
dans l'accord
de *triton et 3ce majeure*.

§ 692.—Quant à l'accord de *triton et tierce mineure*, il est *bon* dans *toutes les positions* et n'a jamais besoin de *préparation*.

DIVERSES POSITIONS
de l'accord de *triton et tierce mineure*.
— BON —

REDOUBLEMENT ET SUPPRESSION DE NOTES

ACCORDS de TRITON et TIERCE
à *trois parties*.
Mode majeur   *Mode mineur*

§ 693.—On ne *double rien*, on ne *supprime rien* de ces accords dans l'écriture à *quatre parties*.

A *trois parties*, c'est la *sixte* qu'il en faut *retrancher*.

RÉSOLUTION NATURELLE
des Accords de triton et tierce des deux modes

§ 694.—Dans la *résolution naturelle* de ces accords, la *basse* et la *tierce* doivent *descendre* d'un degré, la *quarte augmentée* (note sensible) doit *monter* à la *tonique*.

Cette *triple résolution* des notes à mouvement obligé amène l'accord de *sixte* de la *médiante*.

Dans les accords de *triton et tierce*, on peut faire la *résolution anticipée* de la *tierce*.(*)

ACCORDS de TRITON et TIERCE en RÉSOLUTION NATURELLE
Résolution anticipée
de la tierce.
Résolution anticipée
de la tierce.

EXERCICE

Réaliser les *groupes d'accords* suivants à *trois* et à *quatre* parties, tantôt en position *serrée*, tantôt en position *large*.— Désigner la *tonalité* à laquelle appartient chaque groupe.

(*) Cette *résolution anticipée* de la tierce sur la seconde produit l'accord de *triton* 3me renversement de la septième de dominante. On peut chiffrer ainsi ces deux accords: $+4\frac{}{3}\frac{}{2}$ ou $+4\frac{3\,2}{}$. Pris dans le *sens inverse*, on peut les chiffrer, $+4\frac{}{3}$ ou $+4\frac{3}{}$.

CHAPITRE IV

ACCORD de SECONDE SENSIBLE
3ᵐᵉ RENVERSEMENT de l'ACCORD de SEPTIÈME de SENSIBLE

ACCORD de SECONDE AUGMENTÉE
3ᵐᵉ RENVERSEMENT de l'ACCORD de SEPTIÈME DIMINUÉE

§ 695. — Le *troisième renversement* des accords de *septième de sensible* et de *septième diminuée* se fait sur le 6ᵐᵉ degré, l'un en *majeur*, l'autre en *mineur*.

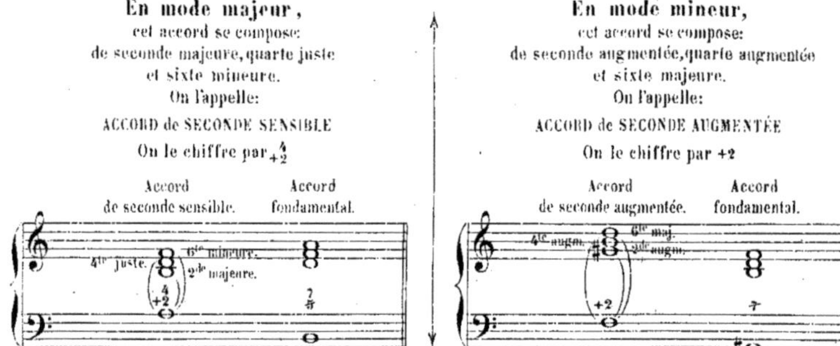

DISPOSITION de l'ACCORD de SECONDE SENSIBLE
(mode majeur)
Préparation de la dissonance

§ 696. — Dans ce *troisième renversement* de l'accord de *septième de sensible*, la *fondamentale* est, nécessairement, placée *au-dessus de la dissonance* qui se trouve à la basse; elle forme, avec celle-ci, un intervalle de *seconde majeure* simple ou redoublé.

On ne peut donc pas disposer ces deux notes *en septième*, comme on le fait dans les deux premiers renversements, et ainsi que cela a lieu, tout naturellement, dans l'accord fondamental.

Aussi, ne doit-on employer cet accord de *seconde sensible* qu'après en avoir *préparé la basse* qui est la *dissonance*.

§ 697. — *La note* qui sert de *préparation* à une *dissonance* doit être d'une *valeur au moins égale* à celle de la dissonance.

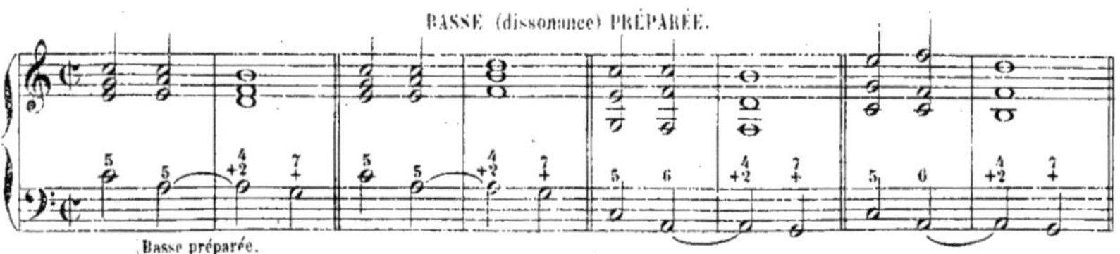

§ 698. — Quant à l'accord de *seconde augmentée* il n'a besoin d'*aucune préparation*.

La note qui, dans ces accords, convient le mieux à la *partie supérieure* est la *seconde* (note sensible). On peut aussi y placer la *quarte, plus rarement* la *sixte*.

DISPOSITIONS DE L'ACCORD DE SECONDE AUGMENTÉE.

REDOUBLEMENT ET SUPPRESSION DE NOTES

§ 699.—On ne *double rien*, on ne *supprime rien* de ces accords dans l'écriture à *quatre parties*.

A *trois parties*, c'est la *quarte* ou la *sixte* que l'on en doit *retrancher*.

RÉSOLUTION NATURELLE
des Accords de Seconde sensible et de Seconde augmentée

§ 700.—Dans la *résolution naturelle* de ces accords, la *basse* et la *sixte* doivent *descendre* d'un degré, la *seconde* (note sensible) doit *monter* à la *tonique*.

Cette *triple résolution* des notes à mouvement obligé amène l'accord de *quarte et sixte* de la *dominante*.

Bien que cette *résolution*, soit, logiquement, la plus naturelle, elle est loin d'être la plus usitée.

§ 701.—La *résolution anticipée* de la *basse* (dissonance de l'accord) est ce qu'il y a de *plus usité* comme *résolution naturelle* des accords de *seconde sensible* et de *seconde augmentée*.

On passe alors par l'accord de *septième de dominante* (*) ou par *l'accord parfait* de ce même degré *(le 5me)* avant d'arriver à l'accord de tonique ou à tout autre accord pouvant succéder à celui de la dominante.

Dans cet *enchaînement* de l'accord de *seconde sensible* ou de *seconde augmentée* à *l'accord fondamental de la dominante*, la *sixte* du 1er accord peut *monter* d'un degré sur l'octave du 2d.

EXERCICE

Réaliser les accords suivants à *trois* et à *quatre* parties, tantôt en position *serrée*, tantôt en position *large*.—Désigner la *tonalité* à laquelle appartient chaque groupe d'accords.

(*) On peut chiffrer ainsi: 4— ou +2— l'accord de *seconde sensible*, ou de *seconde augmentée*, et celui de *septième de dominante* qui leur succède.

CHAPITRE V

EMPLOI
des Accords de Septième de sensible
et de leurs renversements dans les deux modes

§ 702.—Les accords de *septième de sensible* et *leurs renversements* ne sont, en quelque sorte, que comme *substitués à l'accord de septième de dominante* fondamental ou renversé.

En effet: le 7me degré montant à la tonique, auquel convient l'accord de *quinte diminuée et sixte*, peut porter aussi: en *majeur*, l'accord de *septième de sensible*; en mineur, l'accord de *septième diminuée*[*]

En faisant la *résolution anticipée de la septième*, on retrouve le 1er renversement de l'accord de *septième de dominante*.

§ 703.—Le 2me degré montant au 3me, auquel convient l'accord de *sixte sensible*, peut porter également: en majeur, l'accord de *quinte et sixte sensible:* en mineur, l'accord de *quinte diminuée et sixte sensible*.

En faisant la *résolution anticipée de la quinte* on retrouve le 2me renversement de l'accord de *septième de dominante*.

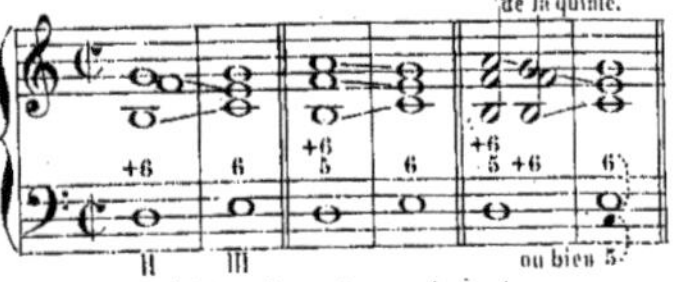

§ 704.—Le 4me degré descendant au 3me, auquel convient l'accord de *triton*, peut porter aussi: en majeur, l'accord de *triton et tierce majeure :* en mineur, l'accord de *triton et tierce mineure*.

En faisant la *résolution anticipée de la tierce*, on retrouve le 3me renversement de l'accord de *septième de dominante*.

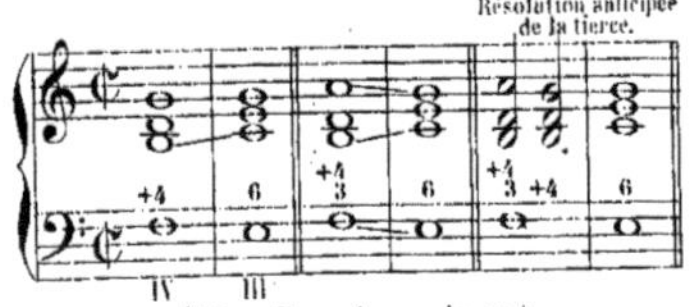

§ 705.—Enfin, le 6me degré portant l'accord de *seconde sensible* en majeur; de *seconde augmentée*, en mineur, n'est le plus souvent, qu'une sorte de *retard* du 5me degré (note fondamentale de l'accord de *septième de dominante*) auquel il semble *substitué*, et par lequel il pourrait toujours être *remplacé*.

---

[*] Voir plus loin (§ 728) l'emploi de l'accord de *septième diminuée* sur le 7me degré du *mode majeur.*

§ 706.—En résumé: peuvent porter, *selon le mode:*

Le 7me degré: l'un des accords de *septième de sensible*, au lieu et place de l'accord de quinte diminuée et sixte.

Le 2me degré: l'un des accords de *quinte et sixte sensible*, au lieu et place de l'accord de sixte sensible.

Le 4me degré: l'un des accords de *triton et tierce*, au lieu et place de l'accord de triton.

Enfin, le 6me degré descendant au 5me, peut porter, *selon le mode:* l'accord de *seconde sensible* (avec *préparation* de la basse) ou l'accord de *seconde augmentée*, l'un et l'autre *tenant lieu*, au moins momentanément, de l'accord de *septième de dominante* sur lequel ils se résolvent le plus souvent.

NOTA.—On sait déjà (§ 700) que les accords de *seconde sensible* peuvent aussi se résoudre, naturellement, sur l'accord de *quarte et sixte* de la dominante ou sur l'accord *parfait* du même degré.

ACCORDS DE SEPTIÈME DE SENSIBLE
en résolution naturelle dans les cadences

§ 707.—L'accord de *septième de sensible* et l'accord de *septième diminuée* ainsi que *leurs renversements*, employés diatoniquement et en *résolution naturelle*, ne peuvent produire par eux-mêmes, que des *cadences imparfaites.*(*)

EXERCICE

Chiffrer les deux leçons suivantes, en ayant le soin d'employer à propos: l'accord de *septième de sensible*, l'accord de *septième diminuée*, et les *trois renversements* de ces accords.

Les *réaliser* ensuite à *quatre parties.*

N° 155. ...

N° 156. ...

(*) On verra plus loin (§§ 720 à 724) d'autres *cadences* produites par ces accords employés *chromatiquement.*

MODULATIONS AUX TONS VOISINS
effectuées au moyen de l'accord de septième de sensible, de l'accord de septième diminuée, et des renversements de ces accords en résolution naturelle

§ 708.—On peut, pour *moduler aux tons voisins,* substituer à l'accord de *septième de do-minante* fondamental ou renversé, l'accord de *septième de sensible* ou l'un de ses renversements pour atteindre une *tonalité majeure;* l'accord de *septième diminuée* ou l'un de ses renversements pour atteindre une *tonalité mineure.*

§ 709.— *NOTA.* — On verra plus loin (§ 725) comment l'accord de *septième diminuée* est souvent employé *au lieu et place* de l'accord de *septième de sensible* du mode majeur, soit pour *moduler* aux *tons* majeurs *voisins* ou *éloignés,* soit qu'on ne module pas.

Le *mode mineur* ne pourrait emprunter au *mode majeur* sa *septième de sensible* sans une *grande dureté.*

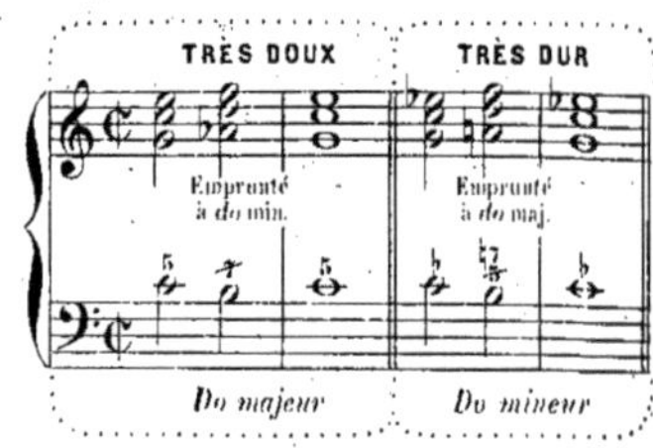

·EXERCICES

Chiffrer les *basses données* suivantes, en ayant le soin d'employer, autant que possible, les accords de *septième de sensible* ou de *septième diminuée* à l'état fondamental ou renversé, pour *opérer* les diverses *modulations* qu'elles contiennent.

Après vérification des chiffres, *réaliser* ces leçons à quatre parties.

MODULATIONS ENTRE TONS VOISINS

MODULATIONS AUX TONS ÉLOIGNÉS
effectuées au moyen de l'accord de septième de sensible, de l'accord de septième diminuée, et des renversements de ces accords

§ 710.—Pour parvenir à des *tonalités éloignées* au moyen de l'accord de *septième de sensible,* fondamental ou renversé, on a recours, le plus souvent, à des *modulations successives* entre *tons voisins majeurs* poursuivies dans une *même direction:* c'est-à-dire qu'on passe par *toutes* les *tonalités majeures intermédiaires.*

§ 711.—L'accord de *septième diminuée,* fondamental ou renversé, se prête on ne peut mieux, à ce genre de modulation, lorsqu'on veut passer par les *tonalités mineures intermédiaires.*

§ 712.—Les *deux modes* peuvent être employés *alternativement* pour opérer *ces mêmes modulations.*

§ 713.—Dans certaines *marches d'harmonie,* on peut *sauter* l'un des *tons intermédiaires,* et faire des *modulations immédiates entre tons ayant deux altérations constitutives de différence* dans l'armature de la clef, (principalement en *diminuant* le nombre des *dièses* ou en *augmentant* celui des *bémols.*)

§ 714.—L'accord de *septième diminuée* et ses *renversements* offrent, en outre, de *nombreuses ressources* pour *moduler* aux *tons éloignés.* C'est ce qu'on pourra voir

MARCHES D'HARMONIE
avec emploi des accords de septième de sensible, de septième diminuée et de leurs renversements en résolution naturelle

Ces marches sont nécessairement *modulantes*.

EXERCICES

Achever celles des marches suivantes qui ne sont que *commencées*, de manière à ce qu'elles aient *huit mesures* chacune, y compris la *formule de cadence* par laquelle on peut les terminer (Voir la marche C.)
Puis, les *réaliser* toutes avec le nombre de parties indiqué en tête de chacune d'elles.

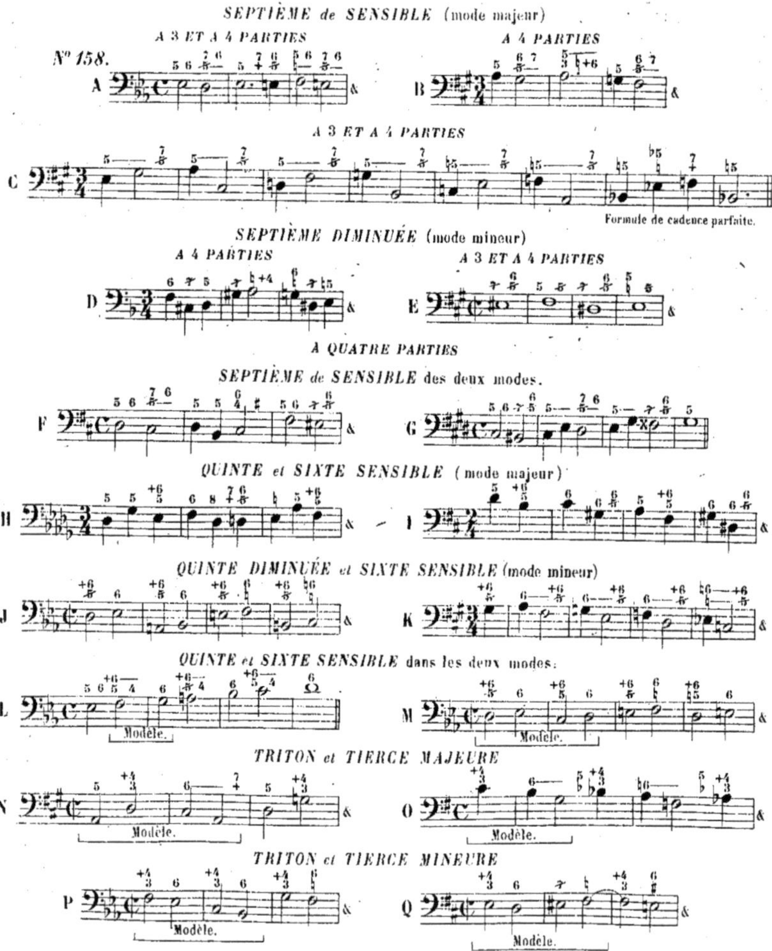

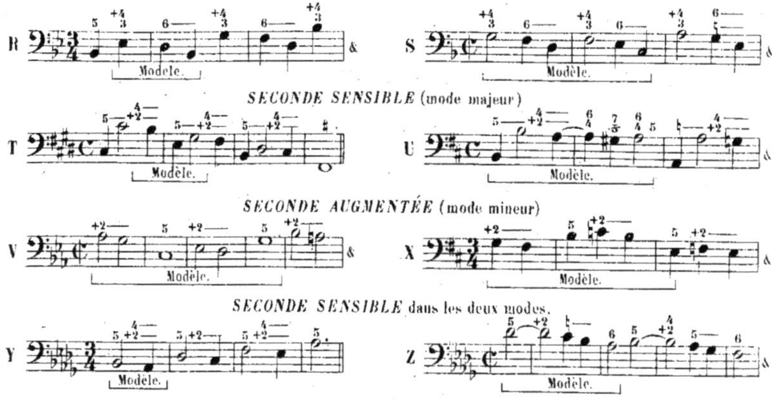

AUTRE EXERCICE

Chiffrer les basses données suivantes, en employant, autant que possible, les accords de *septième de sensible* et de *septième diminuée*, à l'état fondamental ou renversé, pour opérer les diverses modulations qu'elles contiennent. Après vérification des chiffres, *réaliser* ces leçons à quatre parties.

MODULATIONS SUCCESSIVES ENTRE TONS VOISINS
qui, poursuivies dans une même direction,
font parvenir à des tons fort éloignés (§   )

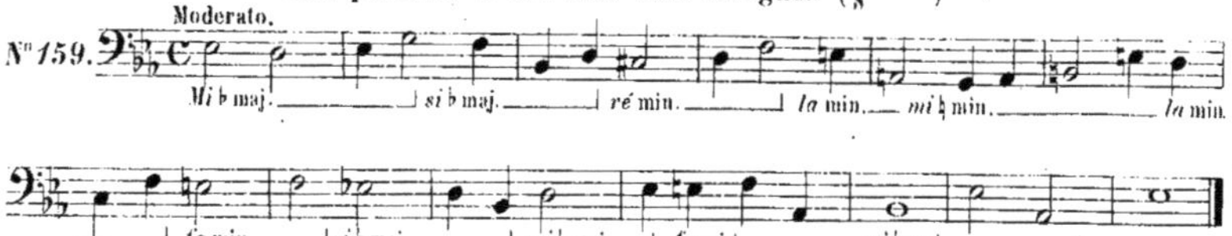

MODULATIONS ENTRE TONS VOISINS ou TONS ÉLOIGNÉS
les unes convergentes, les autres divergentes (§   )

EMPLOI
des Accords de 7ᵐᵉ de sensible et de leurs renversements
en résolution naturelle sous le chant donné

§ **715.**—Sous le *6ᵐᵉ* degré *descendant* au *5ᵐᵉ*, on peut employer:

en majeur,   en mineur,

l'accord de *septième de sensible*   l'accord de *septième diminuée* (*)

ou l'un des *deux premiers* renversements de ces accords.

6ᵐᵉ DEGRÉ DESCENDANT AU 5ᵐᵉ

§ **716.**—Sous le *4ᵐᵉ* degré *descendant* au *3ᵐᵉ*, on peut employer:

en majeur,   en mineur,

l'accord de *septième de sensible*,   l'accord de *septième diminuée*,

plus rarement, leur *premier* ou leur *troisième renversement*; le *premier*, exigeant,

en pareil cas, la *résolution anticipée* de la dissonance;

le *troisième*, ne pouvant se faire, en majeur, qu'après la *préparation de la basse*.

4ᵐᵉ DEGRÉ DESCENDANT AU 3ᵐᵉ

(*) Celui-ci est parfois employé en majeur sous le 6ᵐᵉ *degré baissé*. (Voir § 725.)

§ 717.—Sous le *2ᵐᵉ* degré *descendant* au *1ᵉʳ*, on peut employer:

en majeur,

l'accord de *septième de sensible*,
son *2ᵐᵉ* ou son *3ᵐᵉ* renversement;
(celui-ci avec *préparation* de sa basse.)

en mineur,

l'accord de *septième diminuée*,
son *2ᵐᵉ* ou son *3ᵐᵉ* renversement.

2ᵐᵉ DEGRÉ DESCENDANT AU 1ᵉʳ

§ 718.—Sous le *2ᵐᵉ* degré *montant* au *3ᵐᵉ*, on peut employer:

en majeur,

l'accord de *septième de sensible*,
ou son *3ᵐᵉ* renversement avec *basse préparée*.

en mineur,

l'accord de *septième diminuée*,
ou son *3ᵐᵉ* renversement.

2ᵐᵉ DEGRÉ MONTANT AU 3ᵐᵉ

§ 719.—Sous le *7ᵐᵉ* degré montant à la *tonique*, on peut employer:

en majeur,

l'accord de *seconde sensible*
avec *préparation* de sa basse.

en mineur,

les *trois renversements*
de l'accord de septième diminuée.

7ᵐᵉ DEGRÉ MONTANT A LA TONIQUE

EXERCICE

Trouver la *basse* et l'*harmonie* du *chant donné* suivant; en ayant le soin d'employer, à propos, et de préférence à tous autres, les accords de *septième de sensible* et de *septième diminuée*, *fondamentaux* ou *renversés*, en résolution naturelle.

Moderato quasi andantino.

Nᵒ *161.*

CHAPITRE VI

HARMONIE CHROMATIQUE

ACCORDS de 7ᵐᵉ de SENSIBLE et de 7ᵐᵉ DIMINUÉE
obtenus au moyen de l'altération de certains degrés

§ 720.—L'*ALTÉRATION ASCENDANTE* du *4ᵐᵉ* degré précédant le *5ᵐᵉ* peut porter:

en majeur,

l'accord de *septième de sensible*,

l'accord de *septième diminuée*, ou celui de *quinte diminuée et sixte sensible*;

(*ces deux derniers* résultent d'une *double altération*.)

en mineur,

l'accord de *septième diminuée*;

(*double altération* également.)

NOTA.— Au sujet de la *résolution descendante* de *l'altération ascendante* du *6ᵐᵉ* degré, revoir la remarque de la page 169.

§.721.—Sur le *6ᵐᵉ* degré du *mode majeur* descendant au *5ᵐᵉ*, on peut placer un accord de *quinte et sixte sensible*, résultant de *l'altération ascendante* du *4ᵐᵉ* degré, ou un accord de *triton et tierce mineure* résultant d'une *double altération*.

(*) On verra plus loin (page   et suivantes) une manière *plus rationnelle* de *chiffrer* la plupart de ces *accords chromatiques*, en prenant connaissance de *leur véritable origine*.

§ 722.—Les *accords chromatiques* qui précèdent peuvent se faire *avec* ou *sans* préparation; leur *résolution naturelle* a lieu, selon le cas, sur l'*accord parfait* ou sur celui de *quarte et sixte* du 5me degré; ils sont fort usités dans la *cadence à la dominante* ainsi que dans les *formules de cadence* parfaite, imparfaite, rompue et évitée.

§ 723.—Ceux de ces *accords chromatiques* qui sont suivis de l'accord de *quarte et sixte* de la *dominante* ont toujours *une* ou *deux* notes dont la *résolution* se trouve *retardée*.

§ 724.—Dans la *cadence rompue* du mode majeur, l'*altération ascendante* du 5me degré précédant le 6me porte, nécessairement, un accord de *septième diminuée*, au lieu de l'accord de *septième de dominante* que porte le 5me degré *non-altéré*.

Dans cette *formule de cadence*, il est bon de faire *monter* d'un demi-ton la *note sensible du mode majeur*, malgré l'apparence de modulation au relatif mineur que donne l'*altération ascendante* du 5me degré.

FORMULES de CADENCES ROMPUES en DO MAJEUR

§ 725.—Dans l'accord de *septième de sensible* du *mode majeur*, l'*altération descendante* du 6me degré (septième de l'accord) produit un accord de *septième diminuée* emprunté à l'*homonyme mineur*. Cette *altération* est applicable à *tous les renversements*; elle peut se faire sans *préparation*; on peut s'en servir pour moduler aux *tons voisins majeurs*.

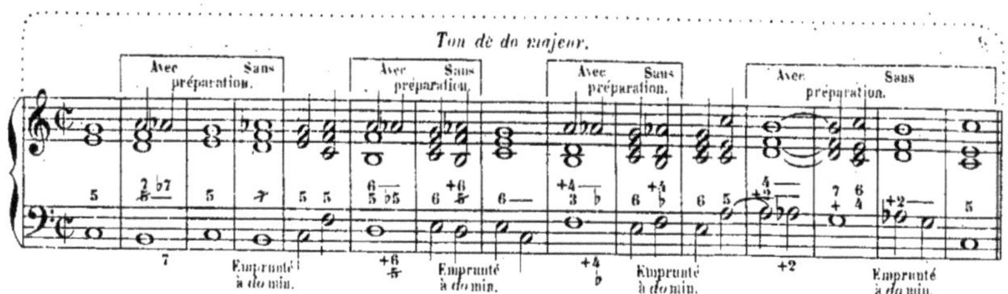

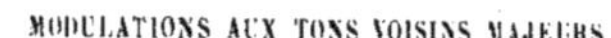

MODULATIONS AUX TONS VOISINS MAJEURS
par la 7me *diminuée* empruntée à chacun de leurs *homonymes mineurs*.

De plus, cette faculté d'employer, sur la *note sensible du mode majeur* aussi bien que sur celle du *mode mineur*, l'accord de *septième diminuée* (chromatique dans le premier cas, diatonique dans le second,) permet de passer, à volonté, d'un *mode à l'autre* et de se rapprocher rapidement, de *tonalités fort éloignées*.

§ 726.—Dans l'accord de *septième diminuée* placé sur la *note sensible* du *mode mineur*, si l'on fait l'*altération ascendante du sixième* degré (septième de l'accord,) on obtient une *septième de sensible* du *mode majeur*, laquelle doit forcément se résoudre dans ce *dernier mode* : cette *altération* provoque donc une modulation de *mineur à majeur*. Elle est applicable aux *renversements*, mais *elle ne peut se passer de préparation*, quel que soit l'état de l'accord.

OBSERVATIONS

L'*altération ascendante* de la *septième diminuée* n'a été, jusqu'à ce jour, que *peu ou point* usitée ; nous aurions donc pu la classer parmi les *résolutions les plus exceptionnelles* de cet accord. Mais, en réalité, la *résolution de l'accord lui-même* n'ayant lieu qu'*après le changement de mode*, et cette *résolution* étant *naturelle*, nous avons trouvé plus rationnel de placer ce *fait harmonique* à côté de *ceux du même genre* qui sont traités dans ce chapitre.

Nous ferons remarquer aussi que, par exception et contrairement à la **règle du paragraphe 471**, l'*altération ascendante* du 6me degré se résout ici en *descendant*.

EXERCICES

Chiffrer les basses données suivantes, d'après les indications placées en tête de chaque leçon; puis, les réaliser à *quatre parties.*

ACCORDS de SEPTIÈME de SENSIBLE et de SEPTIÈME DIMINUÉE
fondamentaux ou renversés obtenus au moyen de l'altération de certains degrés.

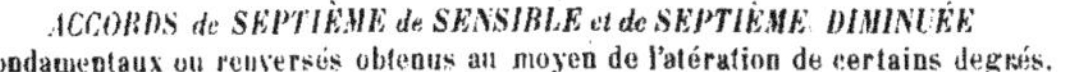

ACCORD de SEPTIÈME de SENSIBLE
fondamental ou renversé obtenu par *l'altération ascendante* de la *septième*
dans l'accord de *septième diminuée* ou ses renversements. (§ 726)

LEÇONS SPÉCIALES
sur chacun des *états* de l'accord de *septième de sensible*
et de l'accord de *septième diminuée* en *résolution naturelle.*

ÉTAT FONDAMENTAL

PREMIER RENVERSEMENT

DEUXIÈME RENVERSEMENT

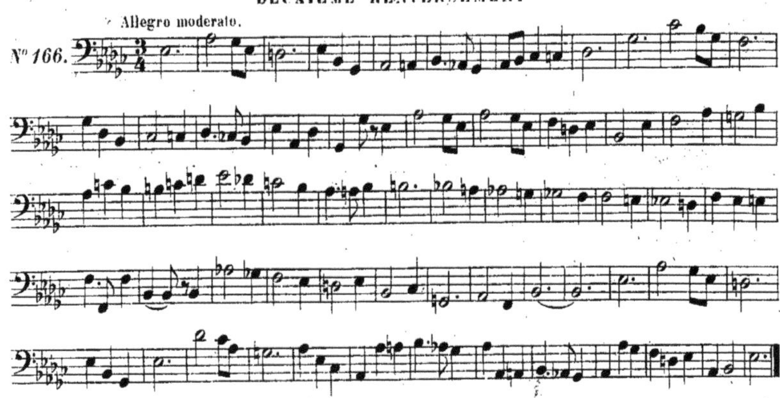

TROISIÈME RENVERSEMENT

(*) La *dominante*, par laquelle commence la basse au temps faible *ne doit pas porter d'accord*; c'est pourquoi nous l'avons sur-montée d'un zéro.

A.L.6501.

CHAPITRE VII

CHANGEMENTS DE POSITION
et échanges de notes

§ **727.**—Les règles énoncées aux §§ **201** et suivants ainsi que celles des §§ **657, 658** et **659** sont applicables aux accords de *septième de sensible* des *deux modes* et à leurs *renversements,* en y ajoutant, toutefois, les restrictions suivantes.

§ **728.**—En pratiquant des *changements de position* entre l'accord de *septième de sensible* du mode *majeur* et l'un de ses *renversements,* ou pendant la durée de *ceux-ci,* la *fondamentale* et sa *septième* ne doivent jamais se trouver en rapport de *seconde* simple ou redoublée, à moins que cette *septième de la fondamentale* ne soit *préparée.*

CHANGEMENTS DE POSITION

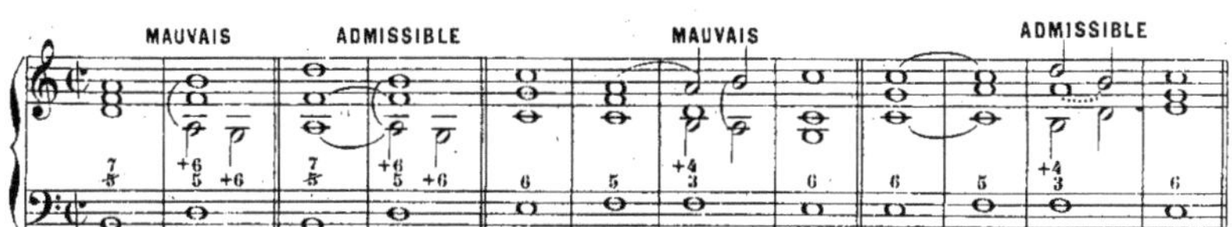

CHANGEMENTS DE POSITION
dans l'accord de septième diminuée et ses renversements. (§ 680)

ÉCHANGES DE NOTES (§ 208)

CHANGEMENTS de POSITION SANS ÉCHANGES de NOTES (§ 209)
(Même leçon que la précédente.—Autre arrangement.)

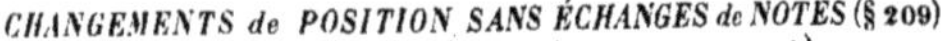

ACCORDS INCOMPLETS AU TEMPS FAIBLE (§ 240)
redoublement de notes à mouvement obligé (§ 658)

ÉCHANGES de NOTES AVEC NOTES de PASSAGE (§ 659)

EXERCICES

ACCORDS de SEPTIÈME de SENSIBLE, de SEPTIÈME DIMINUÉE
et leurs renversements

Chiffrer et réaliser à quatre parties les leçons suivantes.

BASSE DONNÉE
sur les *changements de position* et les *échanges de notes.*

BASSE DONNÉE
sur les échanges de notes avec notes de passage.

Nº 169.

CHANT DONNÉ
sur les changements de position et les échanges de notes.

Nº 170.

CHAPITRE VIII

MODULATIONS ENHARMONIQUES
opérées au moyen de l'accord de septième diminuée
et de ses renversements

§ **729.**—*L'échelonnement symétrique* des *notes* de l'accord de *septième diminuée*, lesquelles notes *divisent l'octave en parties égales, équivalentes* dans les *divers états* de l'accord;

Cet *échelonnement des notes* permet de passer, *sans déplacer un son*, d'un état à l'autre de l'accord, par de simples *changements enharmoniques et de rapprocher*, subitement, par ce moyen, *les tons les plus éloignés, les plus hétérogènes.*

N.B.—Chacun de ces accords peut s'enchaîner aux *quatre autres*, directement, sans intermédiaire et *dans n'importe quel ordre.*

Si l'on se rappelle qu'on peut les attribuer non-seulement au *mode mineur* mais encore au *mode majeur* (§ 725) et qu'on peut les obtenir *par l'altération* sur certains degrés de *diverses tonalités* (§ 720 et suivants;) on doit comprendre qu'ils offrent, pour *moduler aux tons éloignés*, des ressources considérables.

§ **730.**—Il est à remarquer, d'ailleurs, qu'un accord de *septième diminuée quelconque* contient toujours l'une des *notes importantes de n'importe quelle tonalité*, savoir: la *tonique*, la *dominante* ou la *note sensible.* En d'autres termes, une *tonalité quelconque* se rattache toujours à *n'importe quel accord de septième diminuée*, fondamental ou renversé, par sa *note sensible*, sa *dominante* ou sa *tonique.*

EXEMPLE D'UN ACCORD DE SEPTIÈME DIMINUÉE
qui, à l'aide de ses enharmoniques, conduit à tous les tons majeurs et mineurs

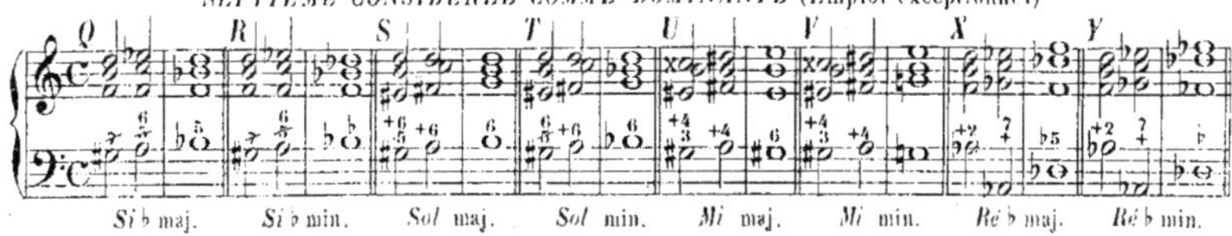

RÉCAPITULATION DES TONALITÉS OBTENUES

au moyen des diverses interprétations auxquelles se prête l'accord de septième diminuée
sol ♯ si ré fa et ses enharmoniques.

	La min.	La maj.	Si♭ min.	Si♭ maj.	Si min.	Si maj.	Do min.	Do maj.
Lettres:	A	B	R	Q	J	O	G	H

	Ré♭ min.	Ré♭ maj.	Ré min.	Ré maj.	Mi♭ min.	Mi♭ maj.	Mi min.	Mi maj.
Lettres:	Y	X	I	N	E	F	V	U

	Fa min.	Fa maj.	Fa♯ min.	Fa♯ maj.	Sol min.	Sol maj.	La♭ min.	La♭ maj.
Lettres:	L	M	C	D	T	S	K	P

EXERCICES

sur les modulations enharmoniques
opérées au moyen de l'accord de septième diminuée et de ses renversements.

Réaliser, à quatre parties, les *marches suivantes* ainsi que la *basse chiffrée* qui leur succède.— Désigner toutes les tonalités employées.

LEÇON
sur l'emploi de l'accord de *septième diminuée* et de ses *trois renversements* placés *sur la même note*
et n'exigeant *aucun déplacement des sons* qui les composent.

AUTRE EXERCICE
Chiffrer la basse donnée suivante, puis, la *réaliser* à quatre parties.

MODULATIONS ENHARMONIQUES
effectuées au moyen de l'accord de septième diminuée
et de ses renversements

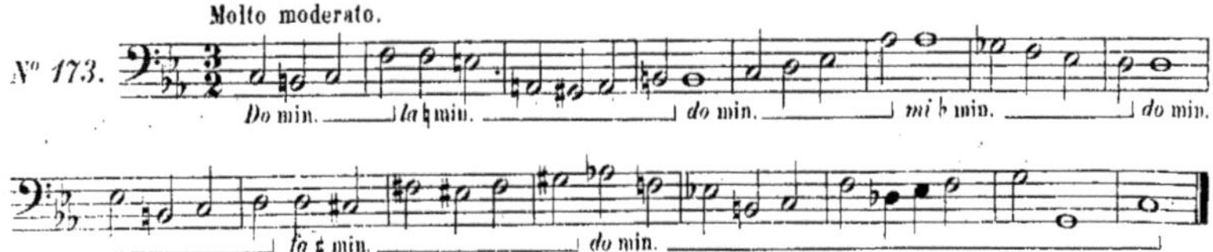

RÉSOLUTIONS EXCEPTIONNELLES
des Accords de septième de sensible, de septième diminuée
et de leurs renversements

Les *exercices* suivants, qu'on devra *écrire* à *quatre parties*,
renferment *la plupart* de ces *résolutions exceptionnelles*.
Avant de les réaliser, il sera bon de relire les §§ 661 à 663 qui leur sont applicables.
(Désigner toutes les tonalités employées.)

RÉSOLUTIONS RETARDÉES *(non-modulantes)*

RÉSOLUTIONS ÉVITÉES *(modulantes)*

MODULATIONS à la 4te JUSTE SUPÉRIEURE ou 5te JUSTE INFÉRIEURE

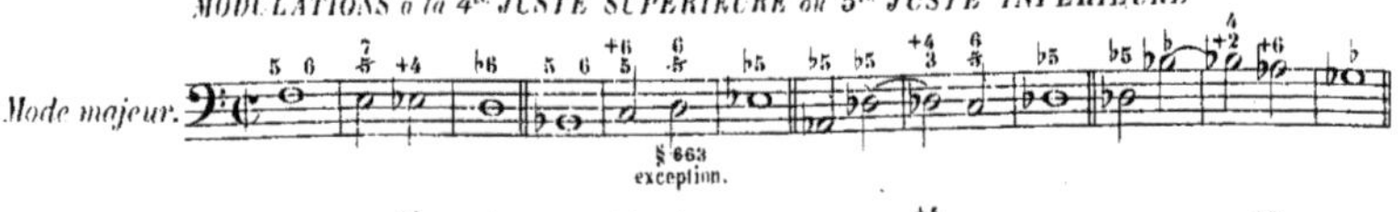

MODULATION à la 3ᶜᵉ MINEURE INFÉRIEURE ou 6ᵗᵉ MAJEURE SUPÉRIEURE
(d'un ton majeur à son relatif mineur)

MODULATION à la 3ᶜᵉ MAJEURE INFÉRIEURE ou 6ᵗᵉ MINEURE SUPÉRIEURE
(d'un ton mineur à un ton majeur)

MODULATION à la 3ᶜᵉ MINEURE SUPÉRIEURE ou 6ᵗᵉ MAJEURE INFÉRIEURE
(d'un ton mineur à son relatif mineur)

MODULATION à la 2ᵈᵉ MAJEURE SUPÉRIEURE ou 7ᵐᵉ MINEURE INFÉRIEURE
(d'un ton majeur à un ton mineur)

(d'un ton mineur à un autre ton mineur)

MARCHES D'HARMONIE

Nᵒ 174.   MODE MAJEUR   MODE MINEUR

A   B

C   D

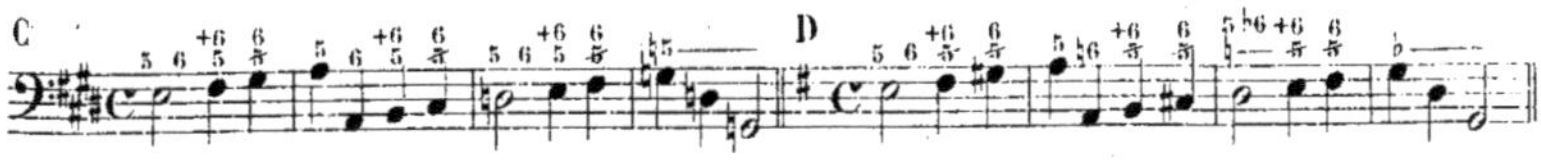

E   F

G   H

274

SUCCESSIONS SYMÉTRIQUES D'ACCORDS
dont les parties supérieures s'écrivent sans symétrie

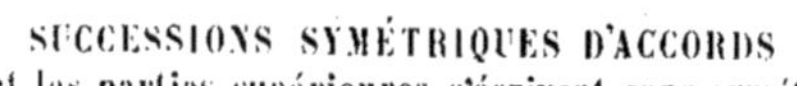

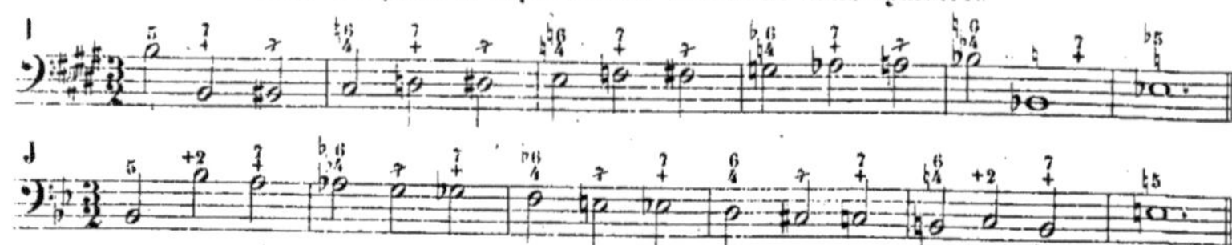

Gamme chromatique avec tonalité prédominante,
harmonisée au moyen d'accords de septième diminuée fondamentaux et renversés,
appartenant au ton principal ou à ses deux voisins les plus directs.
MODULATIONS CONVERGENTES

SEPTIÈME DE SENSIBLE ET SES RENVERSEMENTS
servant de résolution exceptionnelle
à la septième de dominante fondamentale ou renversée

MODULATION à la 4ᵗᵉ SUPÉRIEURE ou 5ᵗᵉ INFÉRIEURE (Mode majeur)

MODULATION à la 3ᶜᵉ MAJEURE INFÉRIEURE
(d'un *ton mineur* à un *ton majeur*)

MODULATION à la 3ᶜᵉ MINEURE SUPÉRIEURE
(d'un *ton mineur* à son *relatif majeur*)

SEPTIÈME DIMINUÉE ET SES RENVERSEMENTS
servant de résolution exceptionnelle
à la septième de dominante fondamentale ou renversée

MODULATION à la 3ᶜᵉ MINEURE INFÉRIEURE
(d'un *ton majeur* à son *relatif mineur*)

A.L.6501.

MODULATION à la 2de MAJEURE SUPÉRIEURE

MODULATION à la 4te SUPÉRIEURE ou 5te INFÉRIEURE (Mode mineur)

MODULATION à la 3ce MAJEURE SUPÉRIEURE
(d'un ton majeur à un ton mineur)

MODULATION à la 3ce MINEURE SUPÉRIEURE (Mode mineur)

MODULATION à la 3ce MAJEURE INFÉRIEURE (Mode mineur)

MODULATION à la 2de MINEURE INFÉRIEURE et à la 2de MAJEURE SUPÉRIEURE
(dans les deux modes)

A.L.6504.

LEÇONS
dont il faut trouver l'harmonie,
chiffrer la basse et écrire les deux parties intermédiaires

BASSES ET CHANTS DONNÉS

DES BRODERIES

dont on peut orner chacune des notes
des accords de septième de sensible et de septième diminuée

EXERCICE

Achever les marches suivantes qui ne sont que commencées,
de manière à ce qu'elles aient de huit à dix mesures chacune; puis, les réaliser dans les positions données:
la première à trois parties et toutes les autres à quatre.

BRODERIE INFÉRIEURE de la FONDAMENTALE
dans l'accord de septième de sensible et ses renversements.

§ **731.**—Cette broderie se fait à distance d'*un ton* de sa note principale.

BRODERIE INFÉRIEURE de la FONDAMENTALE
dans l'accord de *septième diminuée* et ses renversements.

§ **732.**—Cette broderie se fait à distance d'un *demi-ton* de sa note principale.

BRODERIE SUPÉRIEURE de la DISSONANCE de SEPTIÈME
(dans les deux modes)

§ **733.**—Cette broderie se fait à *un ton* de sa note principale, même en mineur, malgré la *relation d'octave diminuée* ou d'*octave augmentée* qu'elle produit avec la *fondamentale,* dans l'accord de *septième diminuée* et ses renversements. (7ᵐᵉ degré baissé § 539.)

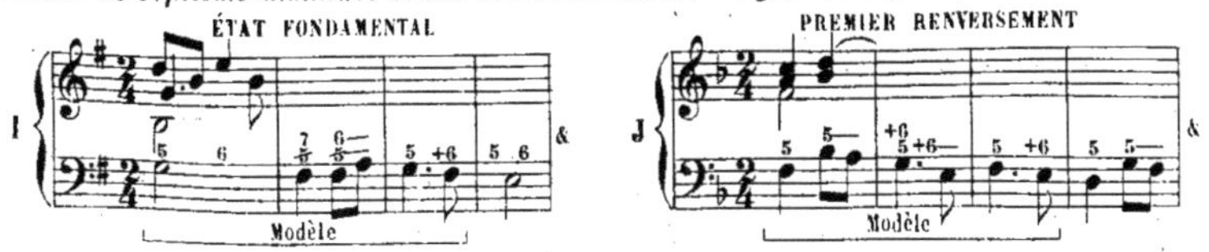

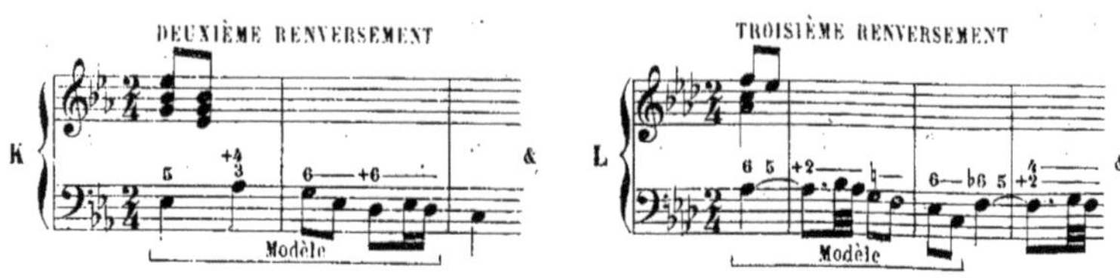

BRODERIE INFÉRIEURE de la DISSONANCE de SEPTIÈME
(dans les deux modes)

§ 734.—Cette broderie se fait à un *demi-ton* de sa note principale.

BRODERIE SUPÉRIEURE de la QUINTE
dans l'accord de septième diminuée

§ 735.—Cette broderie se fait à *un ton* de sa note principale.

CHANT DONNÉ
pour l'emploi des *broderies* dans les accords de *septième* de *sensible*
des *deux modes* et leurs *renversements*.

ACCORDS de NEUVIÈME de DOMINANTE

CHAPITRE I

ÉTAT FONDAMENTAL

§ 736.—On sait déjà que l'accord de *neuvième de dominante* est un *accord de cinq sons*, ayant pour *fondamentale* la *dominante* de l'un ou l'autre mode.

<table>
<tr><td align="center">

En mode majeur,
il se compose:
de tierce majeure, quinte juste,
septième mineure, et *neuvième majeure.*
On l'appelle:
ACCORD de NEUVIÈME MAJEURE,
de DOMINANTE.

</td><td align="center">

En mode mineur,
il se compose:
de tierce majeure, quinte juste,
septième mineure, et *neuvième mineure.*
On l'appelle:
ACCORD de NEUVIÈME MINEURE
de DOMINANTE.

</td></tr>
</table>

Dans les deux modes, on le chiffre par $\frac{9}{7}$ et, au besoin, on ajoute devant le chiffre 9 l'accident qui peut être nécessaire pour obtenir la neuvième *majeure* ou la neuvième *mineure.*

<table>
<tr><td align="center">Accord de neuvième majeure
de dominante</td><td align="center">Accord de neuvième mineure
de dominante.</td></tr>
<tr><td>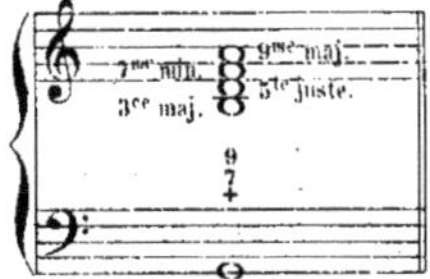</td><td></td></tr>
</table>

DISPOSITION des ACCORDS de NEUVIÈME de DOMINANTE

§ 737.—Pour être *complet,* un accord de *neuvième de dominante* exige, nécessairement, *cinq parties* (Voir les exemples précédents;) ses *bonnes notes* sont, outre la fondamentale, la *tierce,* la *septième* et la *neuvième;* ces trois dernières sont les *notes à mouvement obligé.*

Cet accord, ayant *quatre notes indispensables,* n'est praticable à *trois parties* qu'en *accord brisé.*

NEUVIÈME de DOMINANTE à 3 PARTIES en ACCORDS BRISÉS

Pour le réaliser à *quatre parties,* c'est la *quinte de la fondamentale* que l'on doit en *supprimer.* (*)

(*) Il est à remarquer que, dans *tous les accords dissonants naturels,* c'est la *seconde note du ton* que l'on *supprime* de préférence. Cela tient à ce que cette note est *la seule* dont la suppression *n'enlève rien* au caractère de ces accords.

§ 738.—La *dissonance* de neuvième qu'elle soit *majeure*, qu'elle soit *mineure*, ne doit en au-cun cas, être *rapprochée de la fondamentale* de manière à former, avec celle-ci, *un intervalle de seconde*.

§ 739.—La *neuvième majeure* doit, en outre, être *placée au-dessus de la tierce* et former *avec elle* l'intervalle de *septième;* ce qui ne permet d'avoir, à la *partie supérieure*, que la *neuvième*, ou, à défaut, la *septième* d'un accord de *neuvième majeure* de dominante, dans l'écriture à qua-tre parties: ON NE PEUT DONC Y METTRE LA TIERCE.

DISPOSITIONS DIVERSES DE CET ACCORD A 4 PARTIES
(suppression forcée de la quinte)

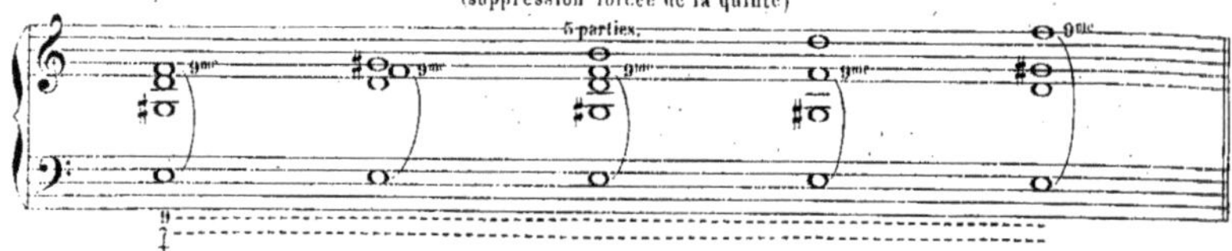

§ 740.—La *neuvième mineure* peut être mise *au-dessous de la tierce;* ce qui permet d'a-voir, à la *partie supérieure*, d'une quelconque des notes de l'accord de *neuvième mineure* de dominante.

DISPOSITIONS DIVERSES DE CET ACCORD A 4 PARTIES
(suppression forcée de la quinte)

§ 741.—Mais, dans les deux modes, et *surtout en majeur*, il est *bien préférable* de placer, gé-néralement, à la *1ère partie*, la *dissonance de neuvième*.

ENCHAÎNEMENT des ACCORDS de NEUVIÈME de DOMINANTE
avec l'accord qui les précède et avec celui qui les suit.

§ 742.—Les accords de *neuvième de dominante* peuvent se faire *sans aucune pré-paration;* néanmoins, lorsque l'accord qui les précède le permet, il est toujours *bon* d'en *préparer* la *neuvième* ou la *fondamentale*.

(Mêmes Exemples en mineur)

MOUVEMENT CONTRAIRE   MOUVEMENT DIRECT
mais degrés conjoints

§ 743.—La *neuvième sans prépara-tion*, doit être *attaquée* par *mouvement con-traire* par rapport à la *basse* ou, tout au moins, être amenée *par degrés conjoints*, s'il y a *mouvement direct*.

A.L.6501.

§ 744. — La *résolution naturelle* des accords de *neuvième de dominante* a lieu, le plus souvent, sur l'*accord parfait de la tonique à l'état fondamental*, mais elle peut se faire aussi sur le *second renversement du même accord* (accord de *quarte et sixte* de la *dominante*).

Dans l'un et l'autre cas, la *tierce* (note sensible) doit *monter* à la tonique, les *dissonances* de *septième* et de *neuvième* doivent *descendre* d'un degré (*)

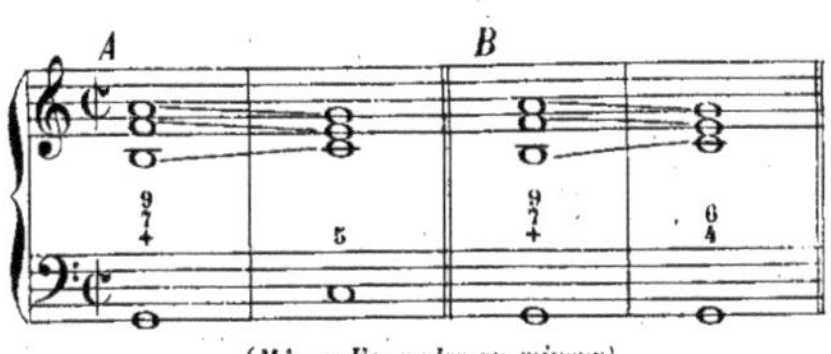

(*Mêmes Exemples en mineur.*)

§ 745. — On peut faire la *résolution anticipée* de la *neuvième*, ce qui ramène à l'accord de *septième de dominante* avec basse doublée. On chiffre alors de cette façon ces deux accords : $\frac{9\ 8}{7\ -}$

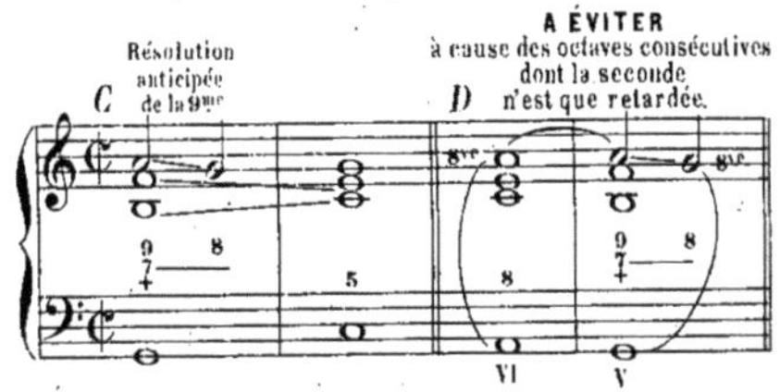

(*Mêmes Exemples en mineur.*)

On pourrait, également, substituer à l'accord de *septième de dominante* fondamental son *premier renversement*.

EXERCICE

Réaliser à *quatre parties* les accords suivants : — En indiquer les diverses tonalités.

(*) Il arrive quelquefois que la *neuvième*, au lieu de se résoudre régulièrement, *descend* d'une *tierce*, d'une *quinte* ou d'une *septième* sur l'une des notes de l'accord de *septième de dominante*.

Ces *résolutions irrégulières* n'étant point admises dans le genre scolastique, on ne devra pas se les permettre en écrivant les exercices de ce cours.

CHAPITRE II

EMPLOI
des accords de neuvième de dominante
à l'état fondamental

§ 746.— Nous dirons des accords de *neuvième de dominante* ce que nous avons dit, précédemment, des accords de *septième de sensible:* comme ceux-ci, les accords de neuvième ne sont, pour ainsi dire, que *substitués* à l'accord de *septième de dominante* dont ils remplissent alors les fonctions.

En d'autres termes, un accord de *neuvième de dominante,* n'étant qu'une sorte d'*extension* donnée à l'accord de *septième du même degré,* il ne s'emploie qu'en son lieu et place.

EN RÉSOLUTION NATURELLE

§ 747.— Les accords de *neuvième de dominante* se font, comme l'accord de septième du même degré, *sur la dominante* montant à la *tonique* ou restant immobile. Dans le premier cas, la résolution a lieu sur l'*accord parfait du 1er degré;* dans le second cas, sur son second renversement, l'accord de *quarte et sixte de la dominante.*

RÉSOLUTION sur l'ACCORD PARFAIT du 1er DEGRÉ

RÉSOLUTION sur l'ACCORD de QUARTE et SIXTE du 5me DEGRÉ

§ 748.— Le *mode majeur* emprunte quelquefois au *mode mineur* sa *neuvième mineure de dominante.*

Le contraire ne peut avoir lieu.

DANS LES CADENCES

§ 749.— La *résolution la plus naturelle* de l'accord de *neuvième de dominante* ayant lieu sur l'accord *parfait* de la *tonique* à l'état *fondamental,* on peut, à la rigueur, se servir de cet accord de neuvième pour faire une *cadence parfaite.*

Cependant, l'effet de cette cadence est *peu satisfaisant* dans le *mode majeur,* parce qu'on ne peut, avec elle, *terminer* par la *tonique* à la *partie supérieure.*

En *mineur,* cette cadence est plus satisfaisante parce que la 1re partie peut recevoir la *sensible montant* à la *tonique.*

§ **750.**—En somme, l'accord de *neuvième de dominante* convient mieux *au corps de la phrase* qu'à sa terminaison; et ce n'est que pour obtenir un *effet spécial* qu'on s'en sert, quelquefois, comme accord déterminant une *cadence.*

§ **751.**—Outre la *cadence parfaite,* on peut faire, avec l'accord de *neuvième de dominante* une *cadence évitée,* celle-ci avec *résolution exceptionnelle* de l'accord de neuvième. (§ 758)

MODULATIONS AUX TONS VOISINS
effectuées au moyen des accords de neuvième de dominante
en résolution naturelle

§ **752.**—On peut se servir de l'accord de *neuvième majeure* de dominante pour passer aux *tons voisins majeurs,* et de l'accord de *neuvième mineure* de dominante pour passer aux tons *voisins mineurs.*

§ **753.**—La *neuvième mineure* empruntée par le *mode majeur* (§ 748) peut servir, quelquefois, pour moduler dans ce *dernier mode.*

MODULATIONS AUX TONS ÉLOIGNÉS
effectuées au moyen des accords de neuvième de dominante
en résolution naturelle

§ **754.**—Les modulations aux *tons éloignés*, opérées au moyen des accords de *neuvième de dominante*, ne s'obtiennent, le plus souvent, qu'en poursuivant dans une *même direction* des modulations successives entre tons voisins.

§ **755.**—Cependant, voici une *modulation immédiate* parfaitement opérée par l'accord de *neuvième mineure de dominante*, à l'aide d'une *équivoque.*

On verra plus loin (§§ 763 et 764) d'autres *modulations éloignées* opérées au moyen des accords de *neuvième de dominante.*

MARCHES D'HARMONIE
avec emploi des accords de neuvième de dominante
en résolution naturelle

Ces marches sont nécessairement *modulantes.*

Leur sont applicables, toutes les règles énoncées aux §§ 287 et suivants, 442 et suivants.

EXERCICES

Réaliser les marches suivantes à *quatre parties.*

Les marches de *A* à *J*, inclusivement, doivent être faites de deux manières: *position serrée* et *position large.*
Les autres pourront n'être écrites que d'une seule manière.

Désigner toutes les *tonalités employées*; se rendre compte de *leurs rapports.*

N° 189.

AUTRE EXERCICE

Chiffrer les basses données suivantes, en employant, à propos, l'accord de *neuvième de dominante* en *résolution naturelle.*

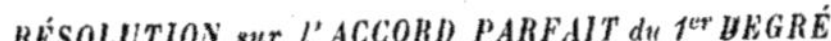

RÉSOLUTION sur l'ACCORD PARFAIT du 1er DEGRÉ

N° 190.

N° 191.

RÉSOLUTION sur l'ACCORD de QUARTE et SIXTE de la DOMINANTE (Même degré)

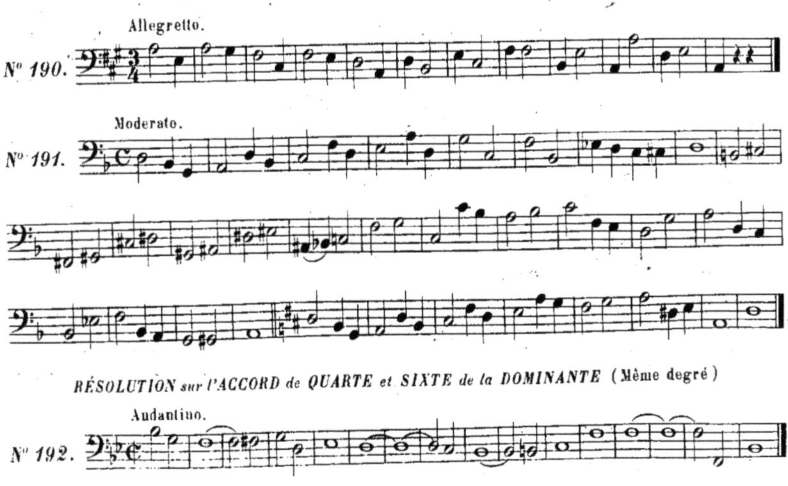

N° 192.

CHAPITRE III

EMPLOI des ACCORDS de NEUVIÈME de DOMINANTE
en résolution naturelle sous le chant donné

§ 756. — C'est, principalement, sous le *6me degré* descendant au *5me* qu'on peut employer l'accord de *neuvième de dominante, majeure* ou *mineure* selon le *mode* déterminé par le *6me* degré.

§ 757. — Cet accord peut encore s'employer :
1° Sous le *4me degré* descendant *au 3me*.

2° Sous le *7me degré* montant à la *tonique*. (Dans ce dernier cas, la *neuvième* ne peut être que *mineure*.)

EXERCICE

Trouver la *basse* et l'*harmonie* du *chant donné* suivant, en ayant le soin d'employer, le plus possible et à propos, les accords de *neuvième de dominante* en *résolution naturelle*.

CHAPITRE IV

RÉSOLUTIONS EXCEPTIONNELLES
des accords de neuvième de dominante
à l'état fondamental

§ **758.**— Les *résolutions exceptionnelles* des accords de *neuvième de dominante* sont peu nombreuses.

Voici à peu près les seules usitées:

§ **759.**— *REMARQUES* — Dans les exemples qui précèdent, la *note sensible* (*tierce de l'accord de neuvième*) est *seule détournée* de sa *résolution normale:* elle *descend* d'un *demi-ton chromatique;* ce qui provoque une *modulation* à la *quarte supérieure* ou *quinte inférieure,* (ex: *A* et *B,*) ou bien encore à la *seconde supérieure,* celle-ci seulement en partant d'un *ton majeur* (ex: *C.*)

§ **760.**— Dans les exemples suivants, au contraire, la *note sensible se résout naturellement;* mais la *résolution* de la *septième* et celle de la *neuvième* se trouvent *retardées.* L'accord de *quarte et sixte* que produisent, sur la *tonique,* ces *résolutions retardées, n'étant point précédé* de l'*accord parfait* du *même degré* (§ 332) il en résulte que *cette tonique* peut être prise pour *dominante* et appeler *une cadence* qui module à la *quarte supérieure* ou *quinte inférieure* du ton *primitif* (§ 420)

§ **761.**— Toutefois, cette modulation *n'a rien d'impérieux;* et l'on peut très bien pratiquer ces *résolutions retardées,* de même que la *résolution suspendue* de la septième, *sans qu'il y ait modulation.*

PHRASES UNITONIQUES

N. B.— *Toute modulation* provoquée par la *résolution exceptionnelle* d'un accord de *neuvième de dominante* peut n'être que *passagère;* ou peut la rendre *définitive.*

EXERCICES

Réaliser les accords suivants à *quatre* parties. Désigner toutes les tonalités employées.

RÉSOLUTIONS EXCEPTIONNELLES des ACCORDS de 9ᵐᵉ de DOMINANTE

MODULATIONS PASSAGÈRES à la quarte supérieure ou quinte inférieure.   *MODULATIONS DÉFINITIVES*

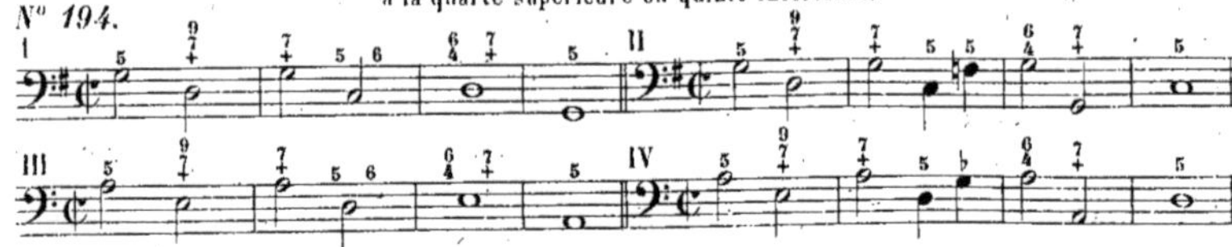

à la seconde supérieure.

PHRASES UNITONIQUES

MARCHES D'HARMONIE

MODULATIONS à la quarte supérieure ou quinte inférieure.

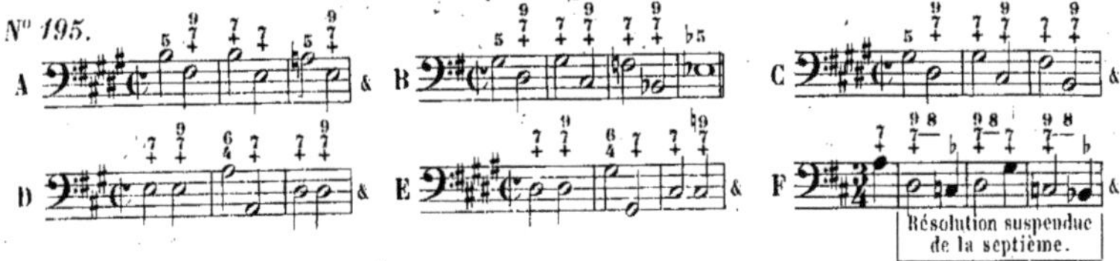

AUTRE EXERCICE

Leçon dont il faut trouver l'harmonie, chiffrer la basse et écrire les parties intermédiaires.

BASSE ET CHANT DONNÉS

A.L.6501.

CHAPITRE V

ALTÉRATIONS dans les ACCORDS de NEUVIÈME

ALTÉRATION DESCENDANTE de la NEUVIÈME
dans l'accord de neuvième majeure de dominante

§ 762.— On peut, dans le *mode majeur*, obtenir la *neuvième mineure* de dominante au moyen de l'*altération descendante* du *6ᵐᵉ degré* (neuvième de la fondamentale)

Cette *altération* peut se faire *sans préparation*; c'est alors un *emprunt* fait au *mode mineur* par le *mode majeur* (§ 748).

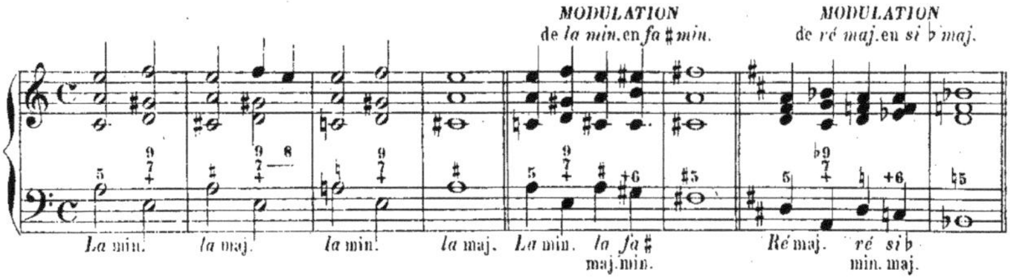

§ 763.— La faculté de faire en *majeur* cette neuvième du *mode mineur* permet de passer, à volonté, d'un *mode à l'autre* par son intermédiaire et de se *rapprocher*, rapidement, de *certaines tonalités éloignées*.

NEUVIÈME MINEURE de la DOMINANTE EMPLOYÉE dans les DEUX MODES

ALTÉRATION ASCENDANTE de la NEUVIÈME
dans l'accord de neuvième mineure de dominante

§ 764.— On peut *altérer en montant* la *neuvième mineure*, pour en faire une *neuvième majeure* de dominante; mais il faut, alors, de toute nécessité, résoudre *celle-ci* dans le *mode majeur*, parce que sa résolution en mineur serait d'une grande dureté.

Cette *altération* ne peut se passer de *préparation*.

(Au sujet de la *résolution descendante de l'altération ascendante* du 6ᵐᵉ degré, voir le *dernier alinéa* de la page 264.)

EXERCICE

Chiffrer la basse donnée suivante, en ayant le soin d'employer, à propos, *l'altération descendante* de la *neuvième* dans l'accord de *neuvième majeure* de dominante, et *l'altération ascendante* de la *neuvième* dans l'accord de *neuvième mineure*.

Cette leçon comporte aussi l'emploi des *résolutions retardées* de la septième et de la *neuvième*, ainsi que celui de la *résolution suspendue* de la *septième*.

Après vérification des chiffres, *réaliser* cette leçon à *quatre parties*.

CHAPITRE VI

RENVERSEMENTS
des accords de neuvième de dominante

§ 765. — Les accords de *neuvième de dominante*, ayant *cinq sons*, devraient avoir *quatre renversements*; mais, par une raison qu'on va connaître, le *quatrième est impraticable*, ce qui réduit à *trois* le nombre des *renversements usités*. Encore fait-on très peu d'usage de ces renversements; et surtout du *second*, qui n'est praticable qu'*à cinq parties*.

§ 766. — Pour écrire, à *quatre parties*, le *1er* et le *3me* renversement des accords de *neuvième de dominante*, on doit *supprimer*, comme à l'état fondamental, la *quinte* du *5me degré* (2de note du ton).

§ 767. — On ne peut employer qu'aux conditions suivantes les *renversements* des neuvièmes de dominante.

La *neuvième* doit être placée *au-dessus de la fondamentale*, (*) en *évitant* la distance de *seconde* entre ces deux notes.

La *neuvième majeure* doit, en outre, se trouver *au-dessus* de la *note sensible* et former avec elle un intervalle de *septième* simple ou redoublé.

Il faut autant que possible, *préparer* la *fondamentale*, avant de la surmonter de sa *neuvième*.

§ 768. — Les *meilleures dispositions* de ces accords *renversés* sont celles où la *neuvième* est à la *partie supérieure* et se trouve *séparée de sa fondamentale* par la *tierce* ou par la *septième* placée dans une *partie intermédiaire*.

§ 769. — Les *résolutions* sont les mêmes que pour les *accords fondamentaux*.

____

(*) C'est là ce qui rend *impraticable* le *quatrième* renversement (Voir les exemples ci-dessus.)

§ **770.**—Le *1er renversement* se place sur le *7me degré montant à la tonique.*
On l'appelle:

§ **771.**—Le *2me renversement* se place sur le *2d degré montant au 3me.*
On l'appelle:

§ **772.**—Le *3me renversement* se place sur le *4me degré descendant au 3me.*
On l'appelle:

§ **773.**—La *résolution anticipée* de la neuvième est praticable dans *tous les renversements:* Voici comment on l'indique par le *chiffrage.*

DIGRESSION.

RÉALISATION des ACCORDS de 3 et 4 SONS à CINQ PARTIES

§ **774.**— Pour écrire à *cinq parties* des accords de 3 sons, on est obligé d'en *doubler deux notes* ou d'en *tripler une*. Pour les accords de 4 sons, *un redoublement* suffit.

À ce sujet, il est bon de se rappeler que *toute note n'ayant point de mouvement obligé peut se doubler;* (la *tierce majeure* elle-même se *double* parfaitement *dès qu'elle n'est pas note sensible*). De plus, on fera bien de repasser les *règles* qui ont été données *sur cette matière* aux §§ 106 et suivants et 634.

Des VOIX à EMPLOYER dans l'ÉCRITURE à CINQ PARTIES

§ **775.**— Les *quatre voix* adoptées pour l'étude de l'harmonie fournissent les *combinaisons* suivantes pour l'écriture à *cinq parties*.

Le *choix* à faire entre ces *quatre combinaisons* est *facultatif;* il doit porter sur *celle* qui convient le mieux, comme *diapason des voix*, *aux passages* à écrire à *cinq parties*.

§ **776.**— Quand on n'écrit à *cinq parties* que *quelques passages* d'une leçon dont la réalisation n'exige que *quatre parties* pour sa *presque totalité*, on peut n'employer que *quatre portées* et *diviser* l'une des voix *en deux parties*, au moment où cela devient nécessaire pour en obtenir *cinq*.

EXERCICES

*Réaliser les groupes d'accords suivants, ainsi que les marches qui leur succèdent
avec le nombre de parties indiqué.*

MARCHES D'HARMONIE

N° 198.

LEÇON

pour l'emploi des *renversements* de la *neuvième majeure*
et de la *neuvième mineure* de dominante en *résolution naturelle*.
Chiffrer et *réaliser* à *quatre* ou à *cinq* parties, selon ce qui est indiqué.

Andantino religioso.

N° 199.

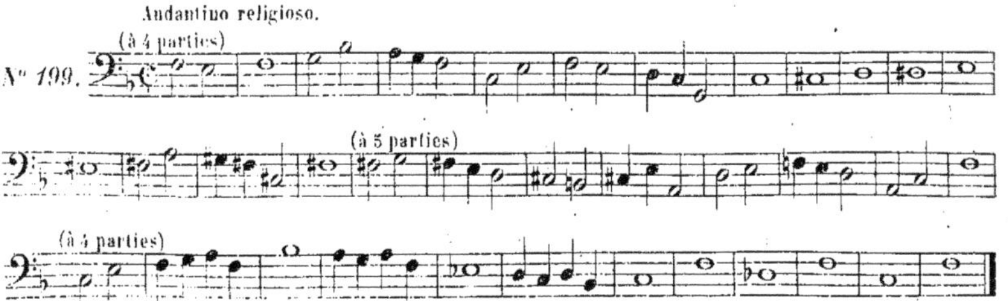

CHAPITRE VII

CHANGEMENTS de POSITION et ÉCHANGES de NOTES

§ 777.—Les règles énoncées aux §§ 201 et suivants, ainsi que celles des §§ 657 à 659 sont applicables aux accords de *neuvième de dominante* et à leurs *renversements,* en y ajoutant, toutefois, les restrictions suivantes.

§ 778.—Aucun *changement de position* ne doit amener, même momentanément, l'une des *dispositions mauvaises* signalées aux §§ 738 et 739.

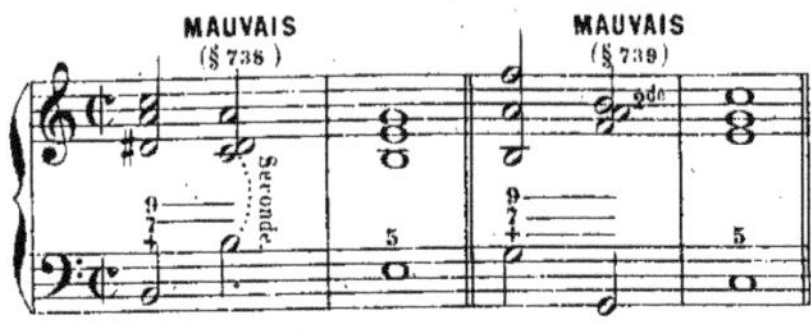

§ 779.—Que la *neuvième* soit *majeure* ou qu'elle soit *mineure,* la *fondamentale* ne doit, en aucun cas, être transportée dans la *1re* ni dans la *2me partie.*

§ 780.—Pour transporter la *fondamentale* dans une *partie intermédiaire,* on doit se conformer aux instructions du § 767.

§ 781.—Dans les *changements de position* de l'accord de *neuvième majeure de dominante,* la *tierce* et la *quinte* peuvent être placées à la *1re partie* après la *septième* ou la *neuvième.*

ÉCHANGES de NOTES avec NOTES de PASSAGE (§ 659)

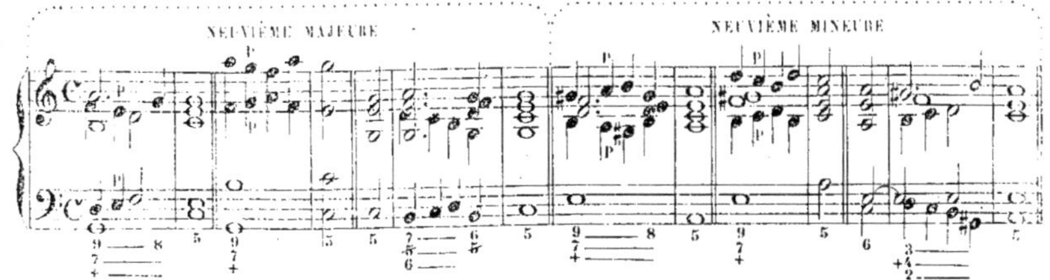

LEÇON sur les CHANGEMENTS de POSITION
dans les accords de neuvième de dominante et leurs renversements.

Chiffrer et réaliser à quatre parties.

ÉCHANGES de NOTES avec NOTES de PASSAGE

LEÇON à chiffrer et réaliser à *cinq parties*
pour *Basse, Baryton, Ténor, Contralto et Soprano.*

ACCORDS de 7ᵐᵉ et de 9ᵐᵉ SUR-TONIQUE

CHAPITRE I

NOTIONS GÉNÉRALES

§ 782.— Tous les accords *dissonants naturels* peuvent se faire avec *addition de la tonique* placée à la basse.

Ces accords ainsi pratiqués ne sont *jamais considérés comme renversés*, quelle que soit leur position. Voici leurs *dénominations* et les *chiffres* qui les représentent.

ACCORDS de SEPTIÈME de DOMINANTE SUR-TONIQUE. +7
(des deux modes.)
à *cinq* parties.

SEPTIÈME de SENSIBLE SUR-TONIQUE.   SEPTIÈME DIMINUÉE SUR-TONIQUE.

(*Mode majeur.* +7/6 ou mieux +6/7)   (*Mode mineur.* +7/6 (*))

à *cinq* parties.

NEUVIÈME MAJEURE de DOMINANTE SUR-TONIQUE.   NEUVIÈME MINEURE de DOMINANTE SUR-TONIQUE.

(*Mode majeur* +6/5)   (*Mode mineur* +6/5)

à *six* parties.

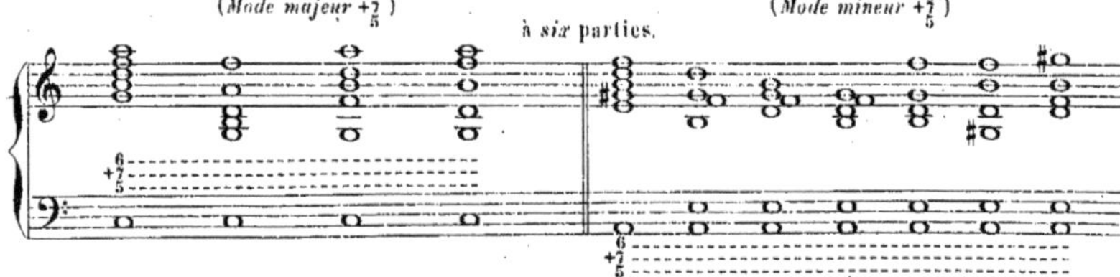

§ 783.— On peut *chiffrer*, ainsi qu'il suit, les accords *dissonants naturels d'une même tonalité se succédant sur la tonique.*

(*) Au besoin, on place devant le **6**, employé dans le *chiffrage* de la plupart de ces accords, le signe nécessaire pour indiquer le *mode* de la *sixte*.

RÉSOLUTION NATURELLE
des accords de septième et de neuvième sur-tonique

§ **784.**—Tous ces accords font leur *résolution naturelle* sur *l'accord parfait* de la *tonique* qui les a portés.

DISPOSITION des ACCORDS de 7ᵐᵉ et de 9ᵐᵉ SUR-TONIQUE
résolution des notes à mouvement obligé, suppression de notes

§ **785.**—Relativement à la *disposition* de leurs notes et à la *résolution* de *celles* qui ont un *mouvement obligé*, ces accords sont soumis aux *mêmes règles* que s'ils étaient posés sur leur basse naturelle.

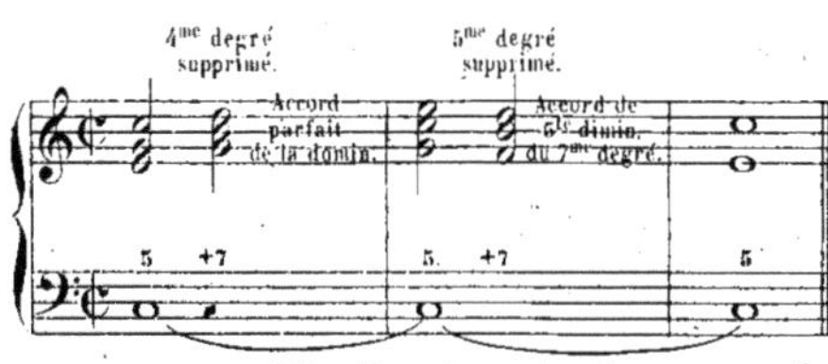

§ **786.**—De même, c'est la *seconde note du ton* qu'on *supprime*, presque toujours, lorsqu'on veut les accords de *septième sur-tonique à quatre parties* seulement, ou ceux de *neuvième sur-tonique à cinq parties.*(*)

§ **787.**—Cependant, certaines *convenances mélodiques* ou autres peuvent s'opposer à la *suppression* de la *2ᵈᵉ note du ton*.

On peut alors retrancher de l'accord de *septième de dominante sur-tonique* le *4ᵐᵉ* et le *5ᵐᵉ* degré, ce qui le *réduit* en un simple ACCORD PARFAIT *de la dominante* ou en un accord de QUINTE DIMINUÉE *du 7ᵐᵉ degré* passant *sur la tonique*.

(*Même Exemple en mineur.*)

§ **788.**—Dans les accords de *septième de sensible* et de *septième diminuée sur-tonique*, on ne peut *supprimer*, à défaut du *2ᵈ* degré, que le *4ᵐᵉ*; et encore, cela ne se fait-il, généralement, que dans le cas où ce *4ᵐᵉ degré vient* d'être entendu dans l'accord qui précède.

(*Même Exemple en mineur.*)

(*) Avec moins de cinq parties, ces derniers ne pourraient se faire qu'en accords brisés.

A.L.6501

PRÉPARATION du 5ᵐᵉ DEGRÉ

dans l'accord de neuvième de dominante sur-tonique

§ 789.—Il est bon de *préparer* le 5ᵐᵉ degré, *note fondamentale* dans l'accord de *neuvième de dominante*, avant *l'attaque* de cet accord *sur la tonique*.

Pour cela on permet, à cinq parties et plus, de *redoubler à l'octave* la basse de *l'accord de neuvième de dominante*, à la condition expresse de ne pas *rapprocher la neuvième* à distance de seconde de ce *redoublement de la basse*, lequel redoublement doit, autant que possible, être lui-même *préparé*.

EXERCICES

Réaliser les *groupes d'accords* suivants, ainsi que les *marches* qui leur succèdent, avec le *nombre de parties* indiqué.

RÉSOLUTIONS EXCEPTIONNELLES
des accords de septième et de neuvième sur-tonique

§ 790.—Les *résolutions exceptionnelles* des accords de septième et de neuvième sur - tonique sont peu *nombreuses :* la plus usitée est celle où la *tonique* restant à la *basse* se *transforme en dominante* et reçoit l'accord de *septième de dominante* ou celui de *neuvième* du même degré.

Dans cette résolution, la *note sensible* du ton primitif *descend d'un demi-ton chromatique,* ce qui détermine une *modulation* à la *quarte supérieure* ou *quinte inférieure.*

RÉSOLUTION EXCEPTIONNELLE LA PLUS USITÉE
des accords de *septième et de neuvième sur - tonique.*

RÉSOLUTION EXCEPTIONNELLE MOINS USITÉE QUE LA PRÉCÉDENTE
amenant une *modulation* à la *seconde majeure supérieure.*

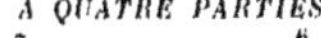

EXERCICES
Réaliser les groupes d'accords suivants, ainsi que les marches qui leur succèdent,
avec le nombre de parties indiqué.

A QUATRE PARTIES

A CINQ PARTIES

MARCHES D'HARMONIE

N° 203.
(à 4 parties et dans 2 positions)

(à 4 parties et dans 2 positions.)

CHAPITRE II

EMPLOI
des accords de septième et de neuvième sur-tonique

§ **791.**—Les accords *dissonants naturels sur-tonique* peuvent s'employer dans les cas suivants.

A.— 1° *Sur la tonique* placée à la *basse* et sur le *temps fort,* lorsque la dite *tonique* y est *précédée de la dominante,* laquelle doit alors porter: l'accord de *septième,* celui de *neuvième* ou simplement l'*accord parfait.*

(La *note sensible* qui doit former *septième majeure* sur la tonique se trouve ainsi *préparée.*)

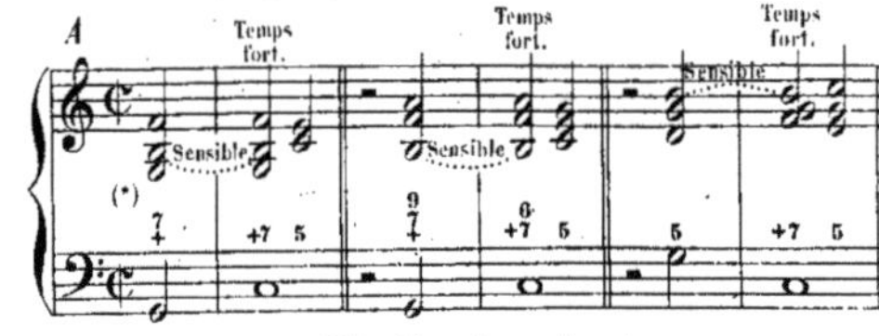

B. — 2° Sur une *tenue de la tonique,* laquelle doit avoir été entendue *avant l'attaque* de l'accord *dissonant naturel.*

Cet accord peut se faire, alors, sur un *temps faible* comme sur un *temps fort.*

C.— 3° Par extension, sur une *tenue de la dominante,* laquelle doit être, pour un moment, *considérée comme tonique.*

OBSERVATION. —Dans les trois cas qui précèdent, l'une des *notes* formant *septième majeure* se trouve *préparée,* savoir: 1° la *tonique* ou la *dominante traitée en tonique,* par la *basse,* (Exemples *B.C.*) 2° la *note sensible,* par l'une des *parties supérieures.* (Exemples *A.*) L'une de ces *préparations* est *indispensable.*

Seulement, la *note sensible* peut être *préparée* à une partie et *passer à une autre* au moment même où elle vient former *dissonance sur la tonique.*

(*) Les accords dissonants naturels ainsi employés, paraissent résulter de plusieurs *appoggiatures* ou de plusieurs *retards* simultanés. — (**) Une *tenue* aussi prolongée prend le nom de *pédale* (Voir plus loin §

§ 792.—Cette faculté de faire passer la *note sensible d'une partie dans l'autre*, permet de remplacer parfois, *à la basse, la dominante précédant la tonique* (§ 791 A.) par la *note sensible ;* celle-ci doit porter alors, selon le mode: l'accord de *septième de sensible*, celui de *septième diminuée* ou le *1er renversement* d'un accord de *septième* ou de *neuvième de dominante*. (On peut assimiler *l'altération ascendante du quatrième degré* précédant le cinquième à la *note sensible* précédant la tonique.) (Voir le dernier des exemples suivants.)

§ 793.—Sur la *tonique* de même que sur la *dominante*, on emploie fréquemment en *majeur*, l'accord de *septième diminuée* *sur-tonique* emprunté au mode *mineur*.

ACCORDS de SEPTIÈME et de NEUVIÈME SUR-TONIQUE
dans les cadences

§ 794.—Les accords de *septième* et de *neuvième sur-tonique* peuvent être employés dans la *cadence parfaite* et la *cadence évitée* comme *retardant l'accord de conclusion* de ces cadences, dont la *terminaison* est, dès lors, *féminine*.

CADENCES PARFAITES

CADENCES ÉVITÉES

DEMI - CADENCE

§ **795.**—On peut, également, les employer dans la *cadence à la dominante*, toujours avec *terminaison féminine*.

§ **796.**—La *septième diminuée sur-tonique* est même praticable dans une *cadence rompue* du mode *majeur* (§ 774) sur le *6me* degré *considéré comme tonique* momentanément.

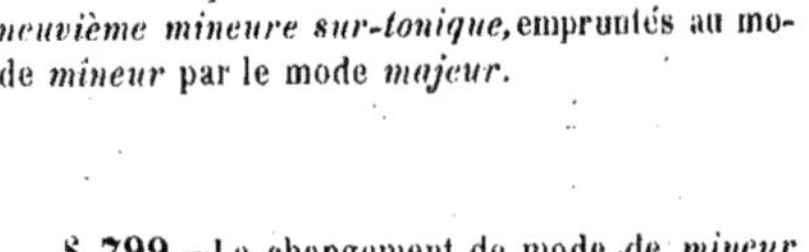

ACCORDS de SEPTIÈME et de NEUVIÈME SUR-TONIQUE
dans les modulations

§ **797.**—L'emploi de ces accords ne devant avoir lieu que dans *une tonalité* déjà *établie*, ils ne peuvent par eux-mêmes, déterminer d'autres *modulations* que celles qu'on obtient par le *changement de mode*.

§ **798.**—Le changement de mode de *majeur en mineur* peut avoir lieu par l'*intermédiaire* des accords de *septième diminuée sur-tonique* ou de *neuvième mineure sur-tonique*, empruntés au mode *mineur* par le mode *majeur*.

§ **799.**—Le changement de mode de *mineur en majeur* peut se faire au moyen de l'*altération ascendante* du 6me degré, qui *transforme:* en *septième de sensible du mode majeur*, la septième diminuée; et en *neuvième majeure de dominante*, la neuvième mineure.

On sait déjà que cette *altération* ne peut se faire sans *préparation*.(§ 726.)

NOTA.—Au sujet de la *résolution descendante* de l'*altération ascendante* du 6me degré, voir le *dernier alinéa* de la page 264.

(*) Cette *altération ascendante* du *cinquième degré* précédant le 6me peut être assimilée à la *note sensible* précédant la tonique. (§ 792.)

EXERCICES

Chiffrer les leçons suivantes, en employant les accords de septième et de neuvième sur-tonique.
Indiquer les *tonalités*, les *cadences* et les *accords d'emprunt.*
Puis, *réaliser* ces leçons à quatre ou cinq parties, selon les indications données.

Pour l'EMPLOI des ACCORDS de SEPTIÈME SUR-TONIQUE
résolution naturelle et résolutions exceptionnelles

Pour l'EMPLOI des ACCORDS de SEPTIÈME et de NEUVIÈME SUR-TONIQUE
en résolution naturelle

Écrire cette leçon à *quatre parties* pour l'emploi des septièmes sur-tonique seulement,
et à cinq parties en y introduisant des neuvièmes de dominante sur-tonique.

LEÇONS A QUATRE PARTIES
Résolution naturelle et résolutions exceptionnelles.

BRODERIES
dans les Accords de Neuvième de dominante
et dans les Accords de Septième sur-tonique

§ 800.—Ces *broderies* étant lès *mêmes* que celles des accords de *septièmes de dominante* et de *sensible* dès deux modes, il suffira de revoir les §§ 668 à 674 et 731 à 735 pour les appliquer aux accords de *neuvième de dominante* et de *septième sur tonique*.

EXERCICES

Ecrire à *quatre parties* le *chant donné N° 188*, page 278 en employant, à propos, les accords de *neuvième de dominante* et de *septième sur tonique* avec *broderies* et *notes de passage*.

Cette leçon ainsi réalisée portera le *N° 211*.

RÉCAPITULATION
des Accords dissonants naturels

LEÇON A QUATRE PARTIES
dont quelques passages doivent être écrits à cinq.

—FIN DE LA DEUXIÈME PARTIE.—

HARMONIE DISSONANTE ARTIFICIELLE

EXPOSÉ

§ 801.—L'*harmonie dissonante artificielle* comprend les *agrégations* qu'on ne peut obtenir qu'au moyen de l'un des *artifices* suivants.

1° La *prolongation* d'*une* ou de *plusieurs notes* d'un premier accord *sur l'accord suivant*, chaque *prolongation* venant produire une *dissonance* dans ce *second accord*, indépendamment de *celles* qu'il pouvait déjà contenir.

2° L'*altération* d'*une* ou de plusieurs *notes* des accords, chaque altération y produisant *par elle-même* une *dissonance*.

DE LA PROLONGATION

§ 802.—La *prolongation* n'étant qu'un *artifice harmonique qui ne change pas le fond* de l'accord auquel il est appliqué, la *dissonance* qui résulte de son emploi est nommée *dissonance artificielle*.

§ 803.—Dans certains cas, la *prolongation* ne fait que *retarder* l'une des notes intégrantes de l'accord **sur lequel** elle a lieu, *sans y ajouter un son:* la *note prolongée* prend alors le nom de *retard*.

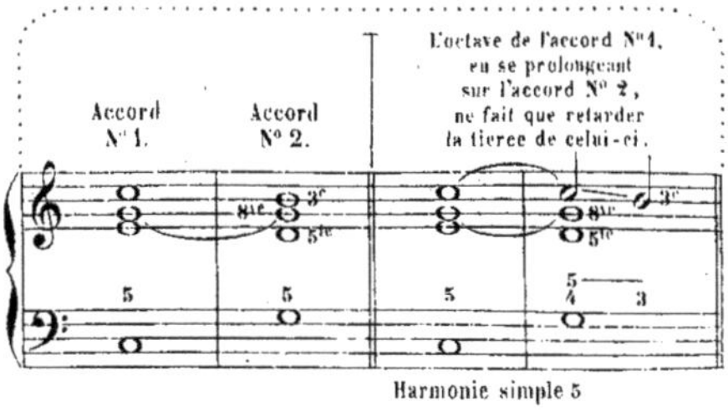

§ **804.**—Dans d'autres cas, au contraire, la *prolongation s'ajoutant aux notes de l'accord* sans en retarder aucune, on la qualifie de *note ajoutée par prolongation*.

§ **805.**—L'*origine même* d'une *dissonance* obtenue par la *prolongation* indique, suffisamment, qu'une telle *dissonance* doit être *préparée*.

La *préparation* d'une *dissonance artificielle* peut se faire par le moyen, soit d'une *consonance*, soit d'une *dissonance naturelle* n'ayant pas elle-même besoin de préparation.

§ **806.**—Pour que la *préparation* d'une dissonance de cette nature soit *bonne*, il faut :
1° Qu'elle soit faite *à la partie même* où cette note est destinée à devenir *dissonance*.
2° Qu'elle ait, comme durée, *une valeur au moins égale à celle de la dissonance*. (Voir les exemples ci-dessus)

§ **807.**—Pourtant, dans la *mesure à trois temps*, on admet quelquefois la *prolongation* occupant les *deux premiers temps* d'une mesure, *préparée* par une note *attaquée au troisième temps* de la mesure précédente.

§ **808.**—En retranchant d'un accord toute *dissonance artificielle* qui peut y avoir été introduite, on en retrouve ce qu'on appelle *l'harmonie simple*.

ACCORDS de 7ème par PROLONGATION

CHAPITRE I

ÉTAT FONDAMENTAL

§ 809.– L'accord *parfait majeur*, l'accord *parfait mineur* et l'accord de *quinte diminuée* peuvent recevoir l'*addition* d'une *septième* résultant de la *prolongation d'une note intégrante* de l'accord précédent.

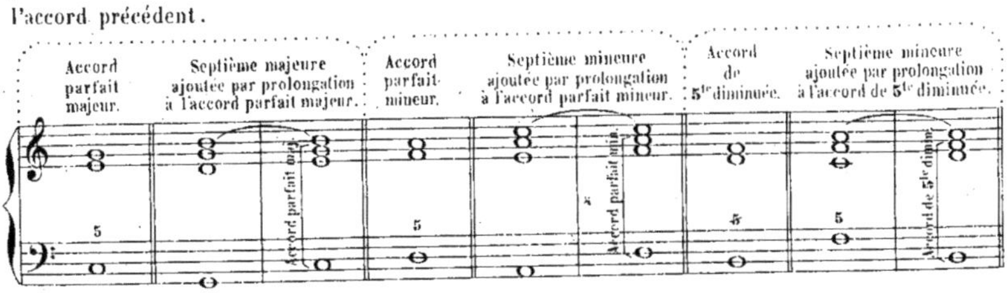

Cette *septième, dissonance ajoutée par prolongation*, doit se *résoudre* en *descendant d'un degré;* elle produit les *accords fondamentaux* suivants:

1° L'accord de *septième majeure*, qui résulte de la *prolongation*, sur l'accord *parfait majeur*, d'une note de l'accord précédent qui vient y former *septième majeure*.
On le chiffre par 7.

ACCORD de SEPTIÈME MAJEURE

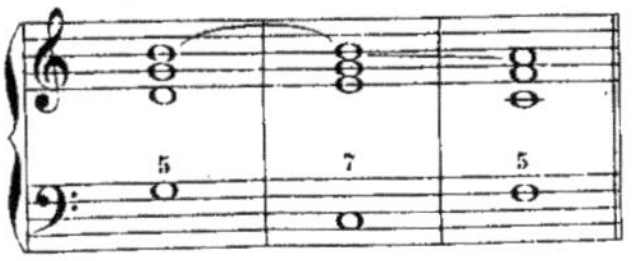

2° L'accord de *septième mineure*, qui résulte de la *prolongation*, sur l'accord *parfait mineur*, d'une note de l'accord précédent qui vient y former *septième mineure*.
On le chiffre également par 7.

ACCORD de SEPTIÈME MINEURE

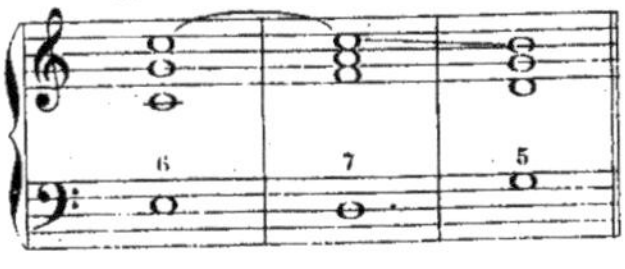

3° L'accord de *septième mineure* et *quinte diminuée*, qui résulte de la *prolongation*, sur l'accord de *quinte diminuée*, d'une note de l'accord précédent qui vient y former *septième mineure*.
On le chiffre par $\frac{7}{5}$ comme l'accord de septième de sensible, parce qu'il se compose des mêmes intervalles.

ACCORD de 7me MINEURE et 5te DIMINUÉE

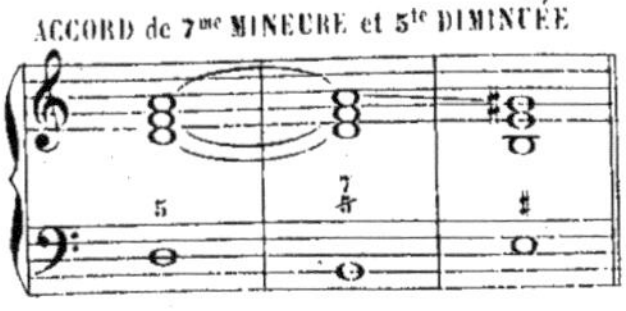

DISPOSITION des ACCORDS de SEPTIÈME par PROLONGATION

§ **810.**— Les *bonnes notes* d'un accord de *septième par prolongation* sont : outre la *fondamentale*, la *tierce* et surtout la *septième*. En conséquence, les *meilleures dispositions* d'un pareil accord sont celles où la *partie supérieure* est occupée par la *septième* ou par la *tierce*.

ACCORD de 7me MAJEURE		ACCORD de 7me MINEURE		ACCORD de 7me MIN. et 5te DIMIN.	
7me à la partie supérieure.	3ce à la partie supérieure.	7me à la partie supérieure.	3ce à la partie supérieure.	7me à la partie supérieure.	3ce à la partie supérieure.

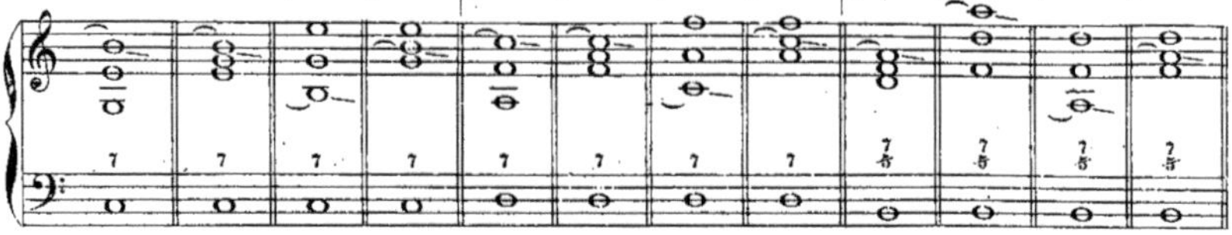

§ **811.**— On peut, au besoin, *retrancher la quinte d'un accord de septième*; et dans ce cas, si l'on veut cet accord à *quatre parties*, on en *double la basse* ou parfois la *tierce*.

SUPPRESSION de la QUINTE dans les ACCORDS de:

7me MAJEURE		7me MINEURE		7me MINEURE et 5te DIMINUÉE	
Basse doublée.	3ce doublée.	Basse doublée.	3ce doublée.	Basse doublée.	3ce doublée.

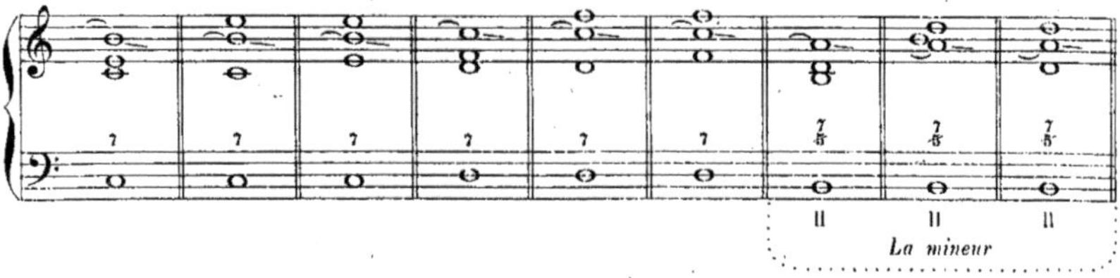

ACCORDS de SEPTIÈME à 3 PARTIES

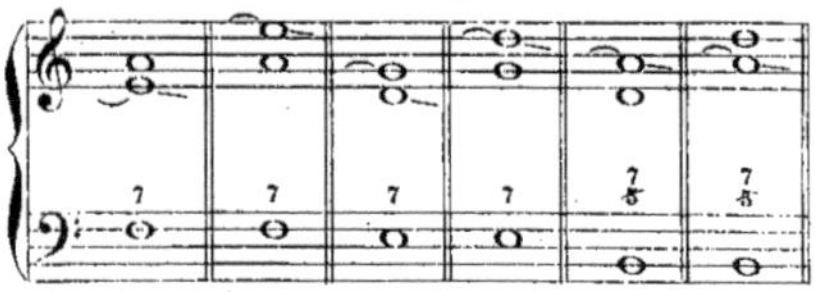

A *trois parties*, la *suppression de la quinte* est inévitable, mais il est bon d'avoir toujours la *tierce* et la *septième*.

§ 812.— ENCHAÎNEMENT de DEUX ACCORDS de SEPTIÈME à 4 PARTIES

Mêmes règles que pour l'enchaînement de *deux septièmes de dominante* par *quarte supérieure* ou *quinte inférieure* (Voir le § 667 et les deux exemples suivants.)

ACCORDS de 7me de DOMINANTE et de 7me de SENSIBLE traités en accords par prolongation

§ **813.**— Lorsque l'accord de *septième de dominante* et celui de *septième de sensible* du mode majeur font partie d'une *série d'accords par prolongation*, ils sont eux-mêmes considérés comme *tels* et l'on est dispensé de faire monter à la tonique, la *note sensible: tierce* du premier accord et *basse* du second. (Voir l'*enchaînement* du 1er au 2me accord et *celui* du 4me au 5me de l'exemple suivant.)

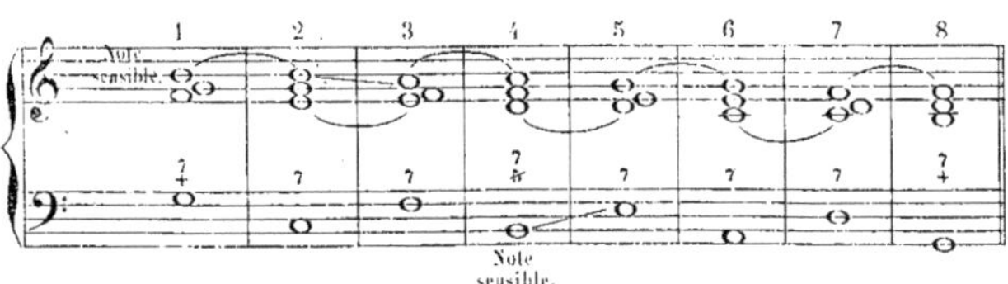

Mais si l'un de ces deux accords est le *dernier* de la *série* des *septièmes*, il doit être *résolu* conformément aux règles qui concernent les *accords dissonants naturels*. (§ 603) (Voir, dans l'exemple ci-dessous, l'*enchaînement* des *deux derniers* accords.)

EXERCICES

Réaliser les groupes d'accords suivants à *trois* et à *quatre* parties et dans les *meilleures positions.*

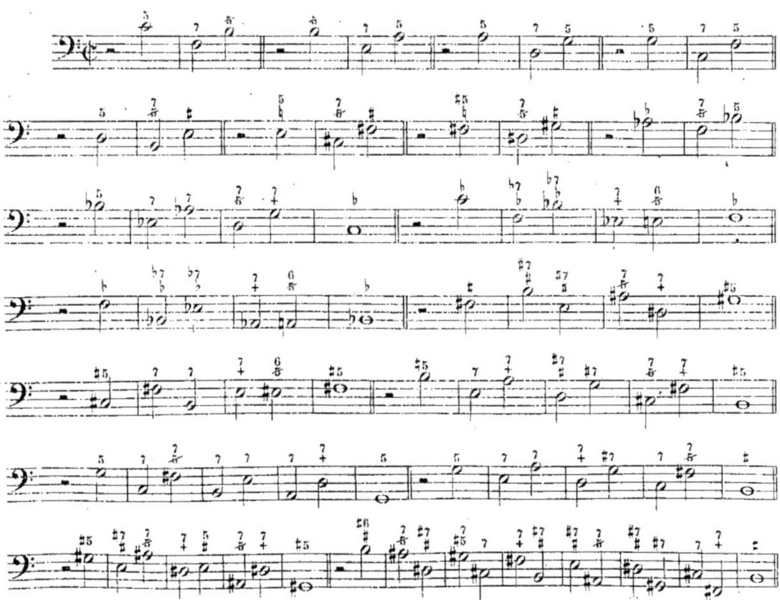

CHAPITRE II

RENVERSEMENTS des ACCORDS de SEPTIÈME
par prolongation.

§ 814. — Les accords de *septième par prolongation* ont chacun *trois renversements*.

PREMIER RENVERSEMENT
ACCORD de QUINTE et SIXTE

§ 815. — Un accord de *quinte et sixte* se compose d'une *tierce*, d'une *quinte* et d'une *sixte*.
On le chiffre par $\frac{6}{5}$ ou, au besoin $\frac{6}{5}\sharp$ $\frac{\flat 6}{5\natural}$ $\frac{6}{5\flat}$

§ 816. — Dans cet accord, la *dissonance* est la *quinte* (septième de la fondamentale) *note ajoutée* à
l'accord de *sixte* qui en est l'*harmonie simple*.

En conséquence, cette *quinte* doit être *préparée* et se *résoudre* en *descendant d'un degré*.

SUPPRESSION ET REDOUBLEMENT DE NOTES
dans l'accord de quinte et sixte.

§ 817. — Les notes *les plus importantes* de cet accord sont la *quinte* et la *sixte*;
On n'en peut *retrancher* que la *tierce*;
La meilleure note à *doubler* serait la *sixte*, mais, à 5 ou 6 parties, rien ne s'oppose au redoublement de la *tierce* ou de la *basse*.
Si l'on n'a que *trois parties*, la *suppression de la tierce* est inévitable; mais, dès qu'on en a
quatre, cette suppression devient inutile; et, *sauf de rares exceptions*, on doit avoir l'*accord complet*.

DISPOSITION DE L'ACCORD DE QUINTE ET SIXTE

§ 818. — On peut placer, à la *partie supérieure,* l'une quelconque des notes d'un accord de *quinte et sixte;* cependant, la *quinte* étant la *dissonance,* c'est la *meilleure note* qu'on y puisse mettre; puis, vient la *sixte;* et enfin la *tierce,* moins bonne que les autres.

EXERCICE

Réaliser les groupes d'accords suivants à *trois* et à *quatre parties.*

CHAPITRE III

DEUXIÈME RENVERSEMENT

ACCORD de TIERCE et QUARTE

§ 819. — Un accord de *tierce et quarte* se compose d'une *tierce,* d'une *quarte* et d'une *sixte.* On le chiffre par $\frac{4}{3}$ ou, au besoin, $\overset{\flat 6}{\underset{3}{4}}$ $\overset{4}{\natural}$ $\overset{4}{\sharp}$

§ **820.**—Dans cet accord, la *dissonance* est la *tierce* (septième de la fondamentale) *note ajou-tée* à l'accord *de quarte et sixte* qui en est l'*harmonie simple*.

En conséquence, cette *tierce* doit être *préparée* et se *résoudre* en *descendant d'un degré*

SUPPRESSION ET REDOUBLEMENT DE NOTES
dans l'accord de tierce et quarte.

§ **821.**— Les notes *les plus importantes* de cet accord sont la *tierce* et la *quarte*;

On n'en peut *retrancher* que la *sixte*; et cela, seulement en écrivant à *trois parties*;(*) car, dès qu'on en a *quatre*, la *sixte* devient *nécessaire*, puisque c'est la *tierce de la fondamentale*, c'est-à-dire l'*une des notes les plus essentielles* de l'accord.

Si l'on écrivait cet accord à *plus de quatre parties*, la *meilleure note à doubler* serait la *quarte*, note fondamentale; mais rien ne s'oppose au *redoublement* de la *sixte*.

DISPOSITION DE L'ACCORD DE TIERCE ET QUARTE

§ **822.**—On peut placer, à la *partie supérieure*, l'une quelconque des notes d'un accord de *tierce et quarte*; cependant, la *tierce* étant la *dissonance*, c'est la *meilleure note* qu'on y puisse mettre; puis, vient la *sixte* et enfin la *quarte*.

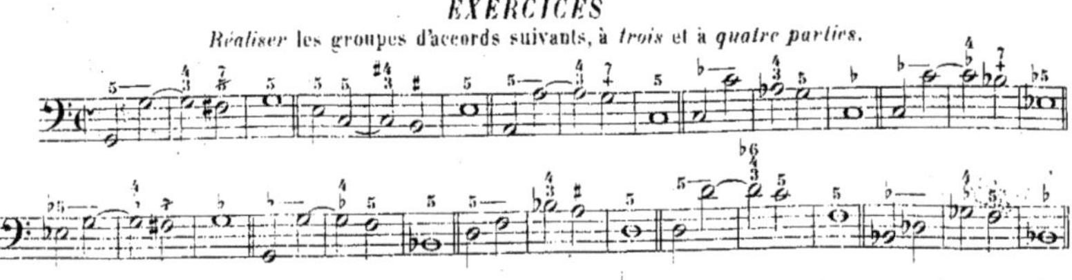

§ **823.**— *OBSERVATION* ——Avec la *tierce* à la *1re partie*, on a, le plus souvent, les *deux parties extrêmes syncopées à la fois*. Cette *licence* peut être *permise* en faveur de l'*excellence de la position*.

Si, pourtant, l'on n'avait que *trois parties*, il serait préférable d'*éviter* ces deux *syncopes* aux extrémités, parce que le *temps fort* ne serait *pas assez marqué* par la *seule partie intermédiaire*.

EXERCICES
Réaliser les groupes d'accords suivants, à trois et à quatre parties.

(*) Cet accord, peu usité à quatre parties, l'est moins encore à trois.

CHAPITRE IV

TROISIÈME RENVERSEMENT

ACCORD DE SECONDE

§ **824.**— Un *accord de seconde* se compose d'une *seconde*, d'une *quarte* et d'une *sixte*;
On le chiffre par 2 ou, au besoin, ♯2, ♭2, ♭4/2, ♮6/♯2, ♭6/♭4/2 &

§ **825.**— Dans cet accord, la *dissonance*, est la *note de basse*, *note ajoutée*, par *prolongation*, à une *seconde au-dessous* de la *fondamentale* d'un accord parfait ou d'un accord de quinte diminuée.

L'*harmonie simple* de ce 3ᵐᵉ renversement est donc l'accord parfait ou celui de *quinte diminuée*, dont la fondamentale est à une *seconde au-dessus* de la *dissonance* placée à la basse.

Cet accord ne peut se faire que sur une *note de basse préparée* et *descendant* d'un degré.

SUPPRESSION ET REDOUBLEMENT DE NOTES
dans l'accord de seconde.

§ **826.**— Les notes *les plus importantes* de cet accord sont la *seconde* et la *quarte;*
Si l'on en veut *retrancher* une note, soit pour n'avoir que *trois parties*, soit pour toute autre raison, c'est sur la *sixte* que doit porter la *suppression*.

La *meilleure* note à *doubler* est la *seconde* (note fondamentale;) mais on peut, au besoin, *doubler* aussi la *quarte* (tierce de la fondamentale.)

DISPOSITION DE L'ACCORD DE SECONDE

§ **827.**— Les *notes* de cet accord qui *conviennent le mieux à la partie supérieure* sont la *seconde* ou la *quarte;* mais rien n'empêche d'y placer la *sixte*, s'il en est besoin.

EXERCICE

Réaliser la leçon suivante à quatre parties.
En faire aussi la *réalisation à trois parties,* d'après le *chiffrage inférieur* de la basse.

CHAPITRE V

RENVERSEMENTS
des Accords de 7.me de dominante et de 7.me de sensible
traités comme Accords par prolongation.

§ 828.—Ce qui a été dit (§ 813) au sujet des accords de *septième de dominante* et de *septiè-me de sensible* employés comme *accords par prolongation,* est applicable à *tous leurs renversements.*

C'est-à-dire que, lorsqu'ils font partie d'une *série* d'accords par prolongation, ils sont eux-mê-mes traités comme *tels,* et la *résolution de la note sensible,* qu'ils contiennent tous, *n'a pas lieu.*

EXERCICE

Réaliser la leçon suivante à quatre parties.
Désigner les renversements de septième de dominante et de septième de sensible
qui sont employés comme accords par prolongation.

CHAPITRE VI

EMPLOI
des accords de septième par prolongation
et de leurs renversements.

§ **829**.—On a vu comment, au moyen de la *prolongation*, on peut ajouter une *septième majeure* à l'accord *parfait majeur*, une *septième mineure* à l'accord *parfait mineur* ou à celui de *quinte diminuée*.

On obtient par ce moyen, un *accord de septième* sur les *1er*, *2e*, *3e*, *4e* et *6e* degrés de la *gamme majeure*.

Le *5e* et le *7e* degré en étant déjà pourvus (harmonie dissonante naturelle) il s'en suit que *toutes les notes d'une gamme majeure* sont susceptibles de porter un *accord de 7me*.

§ **830**.—Par leur renversement, ces accords de septième fournissent, pour *chaque degré* de la *gamme majeure* : 1° Un accord de *quinte et sixte*,

2° Un accord de *tierce et quarte*,

3° Un *accord de seconde*.

§ **831**.—Dans le *mode mineur 1re forme*, on obtient, par la *prolongation*, un *accord de septième* sur les *2e*, *4e* et *6e* degrés.

Le *5e* et le *7e* degré en étant déjà pourvus, comme en majeur, il s'en suit, *qu'à l'exception* du *1er* et du *3me* degré, toutes les notes de la gamme mineure *1re* forme sont susceptibles de porter un accord de septième.

§ **832**.—Par leur renversement, ces accords de septième fournissent :

1° Un accord de *quinte et sixte*, sur les *1er*, *2e*, *4e*, *6e* et *7e* degrés ;

2° Un accord de *tierce et quarte* sur les *1er*, *2e*, *3e*, *4e* et *6e* degrés ;

3° Un *accord de seconde*, sur les *1er*, *3e*, *4e*, *5e* et *6e* degrés.

§ **833.** — Ce n'est qu'en se servant de la *gamme mineure descendante 2de forme* (7me degré baissé) qu'on peut obtenir, dans ce mode, un accord de septième sur chaque degré.

Mais alors, les accords de *septième* obtenus par ce moyen sur les *1er, 3me, 5me* et *7me* degrés (celui-ci baissé) ne sont que des *accords d'emprunt* appartenant au *ton majeur relatif,* et ne sont usités que dans les *progressions descendantes.*

Il en est de même de *leurs renversements.*

DE LA PLACE QUE DOIT OCCUPER DANS LA MESURE
un accord par prolongation

§ **834.** — Lorsqu'on ne fait, dans une mesure, qu' *un seul* accord par prolongation, c'est ordinairement *sur le temps fort.*

§ **835.** — Quand le *temps fort* d'une mesure a été occupé par un accord *avec prolongation,* on peut en faire *un autre sur le temps faible suivant.*

§ **836.** — Mais ces règles n'ont *rien d'absolu;* et l'on peut, quelquefois, s'en affranchir; surtout dans les mesures à *trois temps* ou à *division ternaire.*

DES MOUVEMENTS DE BASSE
favorisant l'emploi des accords de septième par prolongation

ÉTAT FONDAMENTAL

§ 837.—*Toute note de basse placée sur un temps fort* (*) *et montant d'une quarte ou descendant d'une quinte, peut porter un accord de septième, pourvu toutefois qu'on en puisse préparer la dissonance.*

La *résolution* de l'accord de septième se fait alors sur un *accord fondamental*, soit consonant, soit *dissonant.*

N. B.—On ne doit jamais placer une septième sur une note de basse *descendant de tierce*, à cause de l'octave directe qui en résulterait *contre la basse.* (§ 605)

PREMIER RENVERSEMENT

§ 838.—*Toute note de basse placée sur un temps fort et montant d'une seconde peut porter un accord de quinte et sixte*, à la condition d'en pouvoir *préparer la quinte.*

La *résolution* de l'accord de *quinte et sixte* a lieu, ordinairement en pareil cas, sur un *accord fondamental consonant.*

§ 839.—Lorsque le *4me* degré portant *quinte et sixte* est suivi du *5me* degré, celui-ci peut porter *septième.*

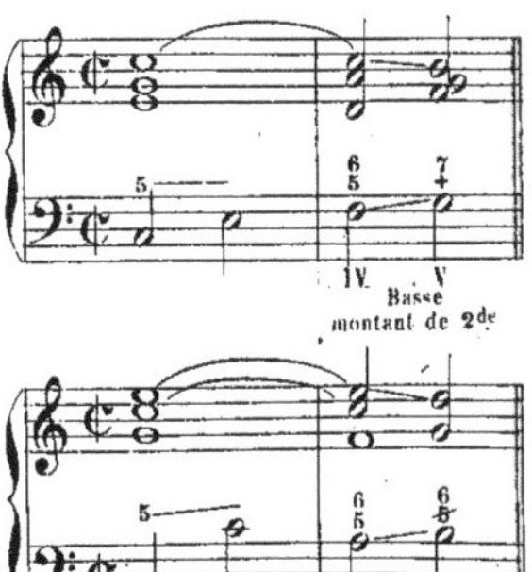

§ 840.—Lorsque le *6me* degré portant *quinte et sixte* est suivi du *7me* degré, celui-ci peut porter *quinte diminuée et sixte.*

(*) Relativement à la *septième* placée sur un *temps faible*, se conformer aux prescriptions du § 835.

§ **841.** — Si, au lieu de monter d'un degré, la *note de basse* portant *quinte et sixte* reste d'abord *immobile* pour *descendre* ensuite, la *résolution* de l'accord de *quinte et sixte* a lieu sur l'accord *de seconde*.

DEUXIÈME RENVERSEMENT

§ **842.** — L'emploi du *deuxième renversement* des accords de *septième majeure* et de *septième mineure* demande des précautions qui le rendent *peu praticable;* aussi, n'est-il pas très usité.

En effet, dans un accord de *tierce et quarte juste*, deux préparations sont nécessaires, savoir: *celle de la quarte par la basse* (§ 163) et *celle de la tierce* qui est la *dissonance*.

§ **843.** — En remplissant ces conditions, on peut placer, au *temps fort*, un accord de *tierce et quarte* sur *toute note de basse préparée* et *descendant* d'un degré.

Sa *résolution* a lieu, le plus souvent, sur un *accord fondamental consonant* ou *dissonant*.

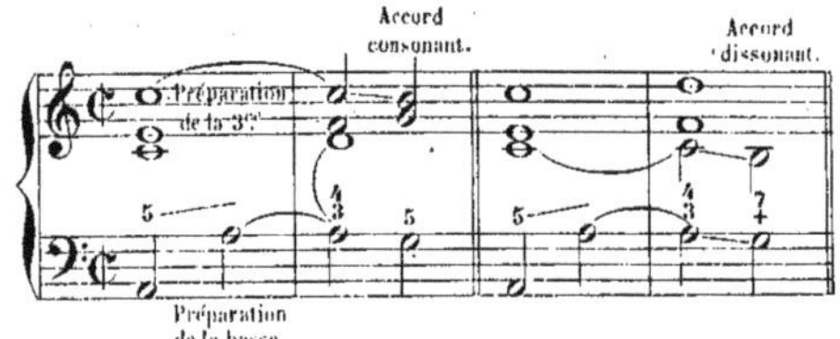

§ **844.** — Quant à l'accord de *tierce majeure et quarte augmentée* (4me degré en *majeur*, 6me degré en *mineur*), il se fait dans les mêmes conditions, sauf qu'il n'exige *d'autre préparation que celle de la tierce:* Celui du 6me degré du mode mineur est *le plus usité* des accords de *tierce et quarte*.

TROISIÈME RENVERSEMENT

§ **845.** — *Toute note préparée et descendant d'un degré* à la basse, peut porter un *accord de seconde* sur le *temps fort*.

Sa *résolution* a lieu, ordinairement, sur un *accord de sixte* ou un accord de *quinte et sixte*.

MARCHES D'HARMONIE
pour l'emploi des accords de septième
et de leurs renversements.

§ 846. — Il est à remarquer que, dans toutes les progressions suivantes, *les fondamentales* se suivent par *quarte supérieure* ou *quinte inférieure*.

EXERCICES

Réaliser les marches suivantes à quatre parties.

MARCHES de SEPTIÈMES et RENVERSEMENTS

SEPTIÈMES SUR LE TEMPS FORT SEULEMENT

(*) Dans cette marche, la *quarte augmentée* peut *descendre* d'une *tierce* si la *symétrie* l'exige.

CHAPITRE VII

ACCORD de SEPTIÈME du 2ᵈ DEGRÉ des DEUX MODES et ses renversements.

§ 847. — Parmi les *accords de septième par prolongation*, il n'y a de *très usité*, en dehors des marches d'harmonie, que *celui* du *2ᵈ degré* de chaque mode et *ses renversements*.

EMPLOI DE CET ACCORD dans les FORMULES DE CADENCES

§ 848. — Dans les *formules de cadences*, l'accord de septième du *2ᵈ degré* à l'état *fondamental* ou *renversé* (le *1ᵉʳ renversement* surtout) *précède* souvent l'accord placé sur la dominante.

Cet accord de *septième du 2ᵈ degré et ses renversements* peuvent, en pareil cas, se faire sur un *temps faible*, quand même le *temps fort précédent n'aurait pas été occupé* par un *autre accord avec prolongation*.

RÉSOLUTION RETARDÉE DE LA PROLONGATION

§ 849. — Lorsque, dans les *formules de cadences*, le 5ᵐᵉ degré porte d'abord l'accord de *quarte et sixte*, la *résolution* de la *dissonance* (septième du 2ᵈ degré) se trouve forcément *retardée*, et même parfois *éludée*.

EXERCICE

Chiffrer et *réaliser* les *formules de cadences suivantes* en employant l'accord de *septième du 2ᵈ degré* et ses *renversements*.

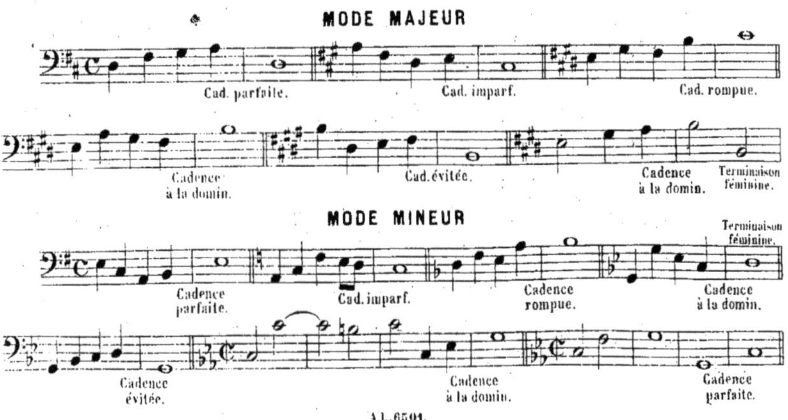

CHAPITRE VIII

ACCORDS PAR PROLONGATION
dans les modulations.

§ 850.—La *prolongation* est loin de fournir un élément favorable à la *modulation*.

Aussi, n'est-ce que par l'une des notes de l'*harmonie simple*: la *fondamentale*, sa *tierce* ou sa *quinte* que l'on peut *provoquer* un *changement de ton* ou *de mode*.

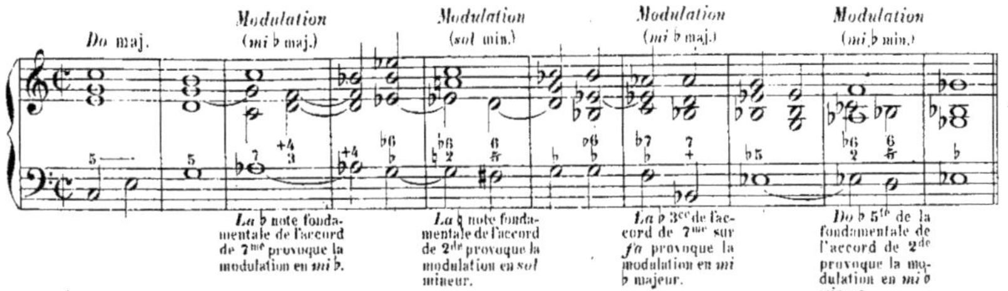

§ 851.—Cependant, l'*accord de septième mineure*, qui semble appartenir plus particulière-ment au *2d degré* de la *gamme majeure*, et l'accord de *septième mineure et quinte diminuée*, qui appartient presque exclusivement au *2d degré* du *mode mineur*, peuvent provoquer une modulation.

§ 852.—Mais, les *accords par prolongation* conviennent surtout à une *tonalité établie et stable*.

EXERCICES

Chiffrer et *réaliser* les leçons suivantes à quatre parties.

ACCORDS de SEPTIÈME par PROLONGATION

ÉTAT FONDAMENTAL

PREMIER RENVERSEMENT
Allegro.
N° 217.

DEUXIÈME RENVERSEMENT
Maestoso.
N° 218.

TROISIÈME RENVERSEMENT
Moderato.
N° 219.

CHAPITRE IX

ACCORDS de SEPTIÈME par PROLONGATION
sous le chant donné.

Le *seul* accord de *septième par prolongation* qui soit *très usité*
est celui du 2^d *degré* des deux modes.
Le *chant* étant *donné*, cet accord s'emploie, principalement:

1° à l'état fondamental:

2° à l'état de premier renversement (Accord de quinte et sixte du 4me degré)

3° à l'état de deuxième renversement (Accord de tierce et quarte du 6me degré)

4° à l'état de troisième renversement (Accord de seconde du 1er degré)

Les accords de *septième par prolongation*, autres que celui du 2^d degré,
ne se font guère que dans les *marches unitoniques* qui ont été données à la page 319.
Voici les *principaux dessins* de la partie supérieure en pareil cas:

(Revoir les exemples des §§ 813, 828, 835 et de
838 à 841 ainsi que la première partie des quatre
dernières leçons.

CHAPITRE X

ALTÉRATIONS

**qui, introduites dans les accords de septième par prolongation transforment ces accords:
en septième de dominante, ou septième de sensible, ou septième diminuée,
ou septième mineure et quinte diminuée;
et n'engendrent point, conséquemment, d'agrégations nouvelles.**

ALTÉRATIONS

dans l'accord de septième majeure du 4me degré *(Mode majeur)*

§ 853. — Dans cet accord, *l'altération ascendante de la fondamentale* produit, passagèrement, un accord de *septième de sensible*, emprunté au *ton voisin* placé à la *quinte supérieure du ton principal prédominant*.

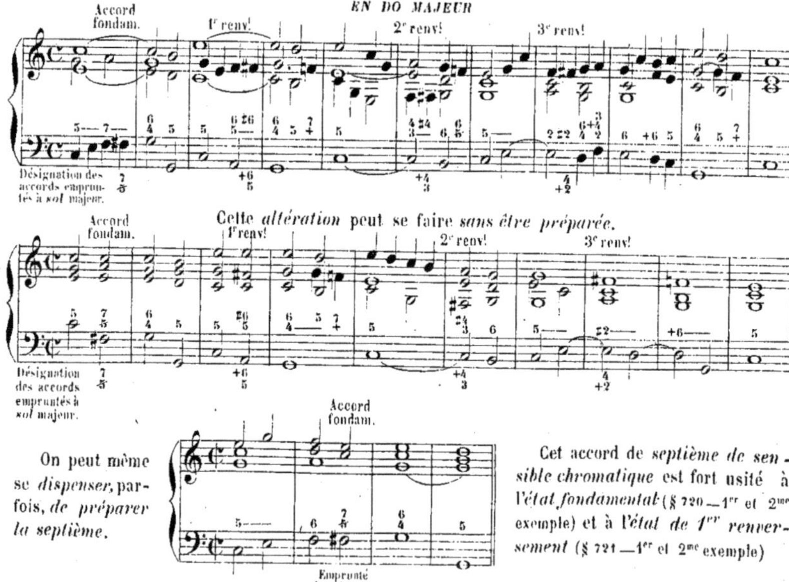

On peut même se *dispenser*, parfois, *de préparer la septième.*

Cet accord de *septième de sensible chromatique* est fort usité à *l'état fondamental* (§ 720 — 1er et 2me exemple) et à *l'état de 1er renversement* (§ 721 — 1er et 2me exemple)

A.L.6501.

§ **854.**—L'*altération descendante* de la *septième majeure* du *4me degré* produit, passagèrement, un accord de *septième de dominante* emprunté à l'un des *tons voisins de l'homonyme mineur*.

§ **855.**—Dans cet accord de *septième majeure*, l'*altération ascendante* de la *fondamentale* et
l'*altération descendante* de la *septième* produisent, réunies, un accord de *septième diminuée*, emprunté au *ton voisin majeur* placé à la *quinte supérieure* du ton principal prédominant, lequel *voisin majeur* l'emprunte lui-même à *son homonyme mineur*.

L'accord de *septième di-
minuée* qui résulte de cette
double altération peut s'attaquer *sans préparation*, il est
fort usité. (voir § 720 3me exemple)

ALTÉRATIONS
dans l'accord de septième majeure du 1er degré *(Mode majeur)*

§ **856.**—Dans cet accord, l'*altération descendante de la septième* produit, passagèrement, un
accord de *septième de dominante* emprunté au *ton voisin* placé à sa *quarte supérieure*.

En y adjoignant l'*altération ascendante de sa fondamentale*, il en résulte un accord de *septième diminuée* emprunté au *ton voisin mineur* placé à sa *seconde supérieure*.

Cet accord de *septième diminuée* peut se faire *sans préparation*.

PREMIER RENVERSEMENT

DEUXIÈME RENVERSEMENT

TROISIÈME RENVERSEMENT

ALTÉRATIONS
dans l'accord de septième mineure du 2ᵈ degré *(Mode majeur)*

§ 857. — *L'altération ascendante de la tierce* donne à cet accord l'apparence d'un accord de septième de dominante emprunté au *ton voisin* placé à la *quinte supérieure* du ton *principal prédominant.*

Cette *altération* peut se faire *sans* être préparée.

EXEMPLES en DO MAJEUR

A.L.6501.

§ 858.—Dans le *même accord*, l'altération descendante de la quinte produit une *équivo- que* avec l'accord de *septième mineure et quinte diminuée* du même degré en *mineur*.

Cette *altération* peut se faire *sans être préparée*; elle est *fort usitée.*

EXEMPLES en DO MAJEUR

§ 859.—Dans cet accord de *septième mineure*, les *altérations ascendantes* de la *fondamen- tale* et de sa *tierce* produisent, réunies, un accord de *septième diminuée* emprunté au *ton voisin mi- neur* placé à la *tierce supérieure* du ton *principal prédominant;* lequel accord de *septième di- minuée* peut être attaqué *sans préparation*. Il est fort usité à l'état de *1er* renversement (§ 720 4me exemple) et de *2d* renversement (§ 721 3me et 4me exemple)

EXEMPLES en DO MAJEUR

ALTÉRATIONS
dans l'accord de septième mineure du 6ᵐᵉ degré *(Mode majeur)*

§ 860.— *L'altération ascendante de la tierce* donne à cet accord l'apparence d'un accord de *septième de dominante* emprunté au *ton voisin mineur* placé à la *seconde supérieure* du *ton principal prédominant*.(*)

EXEMPLES en DO MAJEUR

§ 861.— Le même accord de *septième mineure* devient, passagèrement, par *l'altération descendante de sa quinte*, le *synonyme* d'un accord de *septième mineure et quinte diminuée* emprunté au *ton voisin majeur* placé à la *quinte supérieure* du *ton principal prédominant*, lequel *voisin majeur* l'emprunte lui-même à son *homonyme mineur*.

EXEMPLES en DO MAJEUR

(*) Cet accord de *septième de dominante* pourrait, bien entendu, se faire *sous préparation*; mais alors, sa *tierce majeure* n'ayant pas été précédée de la *tierce mineure*, et sa *résolution* ayant lieu sur l'accord *parfait du 2ᵈ degré*, il en résulterait une *modulation bien accusée* à la *seconde supérieure*; ce qui ferait perdre à la *tierce majeure*, comme à l'ensemble de l'accord, son *caractère chromatique* et détruirait *l'origine artificielle* de l'accord lui-même.

§ 862.—Les *altérations ascendantes* de la *fondamentale* et de la *tierce* de cet accord produisent, réunies, un accord de *septième diminuée*.

Lorsque ces *altérations* sont *préparées*, comme dans l'exemple ci-dessous, elles ont le caractère de *notes de passage chromatiques*; la septième y forme *pédale* et ne se résout pas.

§ 863.—Attaquées *sans préparation*, ces *altérations* prennent le caractère de *broderies* ou d'appoggiatures inférieures des notes de *l'accord de septième de dominante*, selon qu'elles sont placées après ou *avant* cet accord.

ALTÉRATIONS
dans l'accord de septième mineure du 4me degré *(Mode mineur)*

§ 864.—L'*altération ascendante de la tierce* donne à cet accord l'apparence d'un accord de *septième de dominante* emprunté au *ton voisin majeur* placé à la *seconde majeure inférieure* du ton *principal prédominant*.

330

Cette *altération* peut se faire *sans être préparée*. (6ᵐᵉ degré *haussé*, gamme mineure ascendan-te *2ᵈᵉ forme*.)

EXEMPLE en LA MINEUR

§ 865.—Dans cet accord de *septième mineure*, les *altérations ascendantes* de la *fondamentale* et de sa *tierce* produisent, réunies, un accord de *septième diminuée* emprunté au *ton voisin mineur* placé à la *quinte supérieure* du *ton principal prédominant*.

Cet accord est fort usité *avec* ou *sans préparation*. (Voir § 720—5ᵐᵉ et 6ᵐᵉ exemple.)

EXEMPLE en LA MINEUR

ALTÉRATION ASCENDANTE DE LA FONDAMENTALE
dans l'accord de septième majeure du 6ᵐᵉ degré *(Mode mineur)*

§ 866.—Dans cet accord, l'*altération ascendante de la fondamentale* produit, passagèrement, un accord de *septième mineure et quinte diminuée* emprunté au *ton mineur* placé à la *quinte supérieure* du *ton principal prédominant*.

EXEMPLE en LA MINEUR

Cette *altération* peut se faire *sans être préparée* (gamme mineure 2ᵈᵉ forme, 6ᵐᵉ degré haussé.)

EXEMPLE en LA MINEUR

A.L.6501.

ALTÉRATIONS ASCENDANTES de la TIERCE et de la QUINTE
dans l'accord de septième mineure et quinte diminuée
du 2ᵐᵉ degré *(Mode mineur)*

§ 867.—Cette *double altération* de la *tierce* et de la *quinte* produit, passagèrement, un accord de *septième de dominante* emprunté au *ton voisin mineur* placé à la *quinte supérieure* du ton *principal prédominant*.

Elle peut se faire *sans être préparée*.

EXEMPLES en LA MINEUR

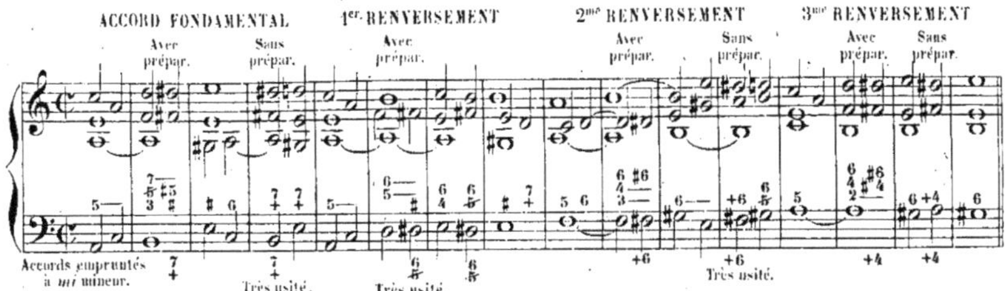

ALTÉRATIONS
dans les accords de septième par prolongation.

LEÇON A QUATRE PARTIES

CHAPITRE XI

RÉSOLUTIONS EXCEPTIONNELLES
des accords par prolongation.

§ 868.—La *résolution* d'un *accord par prolongation* peut avoir lieu *sur un accord déterminant une modulation*.

Il arrive parfois alors, que la *dissonance par prolongation* fait partie de ce *second accord* et se trouve *transformée en consonance*.

Malgré cette transformation, *la note précédemment dissonante* doit finir par *descendre d'un degré*, dans la majeure partie des cas : sa *résolution* n'est que *suspendue*.

EXEMPLES de DISSONANCES par PROLONGATION
qui, bien que *transformées en consonances*, doivent se *résoudre en descendant d'un degré*.

EXEMPLES d'ACCORDS par PROLONGATION
en *résolution exceptionnelle ou modulante*, avec *résolution normale de la dissonance*.

CHAPITRE XII

CHANGEMENTS de POSITION et ÉCHANGES de NOTES
dans les accords par prolongation.

§ 869.—*Aucune* des *dissonances* qui exigent une *préparation* ne peut, avant sa résolution, passer d'une partie dans une autre.

En conséquence, les *changements de position* et les *échanges de notes*, ne doivent se faire, pendant la durée d'un *accord par prolongation*, qu'au moyen seulement *des notes de l'harmonie simple*, auxquelles on peut adjoindre des *notes de passage*.

La *dissonance* doit rester, jusqu'à sa résolution, à la partie où elle a été *préparée*. (Revoir le

CROISEMENTS PERMIS

§ 870.—Une partie en *accords brisés* peut *croiser*, momentanément et surtout aux temps faibles, l'une de ses *parties contiguës*: principalement, lorsque le *croisement* est *motivé* par une *imitation*.

CHANGEMENTS de POSITION et ÉCHANGES de NOTES

(Chiffrer et remplir.)

N° 224.

ÉCHANGES de NOTES avec NOTES de PASSAGE

(Chiffrer et réaliser.)

N° 225.

CHAPITRE XIII

DES VARIANTES
dont on peut orner la dissonance
dans les accords par prolongation.

§ 871.—Comme dans les accords *dissonants naturels*, la *dissonance par prolongation* peut être ornée de *variantes* telles que les suivantes, dans lesquelles les *broderies supérieure* et *inférieure* ainsi que les *notes de passage* trouvent leur emploi.

Ces *variantes* peuvent donner lieu à des *imitations*.

§ 872.—Une *dissonance par prolongation* doit être *résolue à la partie où elle a été préparée*, quelle que soit la *variante* dont elle est ornée.

DISSONANCES par PROLONGATION avec VARIANTES

LEÇONS A QUATRE PARTIES

VARIANTES avec BRODERIES et NOTES de PASSAGE
formant des imitations.

BASSE et CHANT DONNÉS.
(Chiffrer et remplir.)

DES RETARDS

CHAPITRE I

NOTIONS GÉNÉRALES

§ 873.— Lorsque, par la *prolongation* d'une note d'un premier accord sur l'accord suivant, on ne fait que *retarder* l'une des notes intégrantes de ce second accord, on appelle cette prolongation: *retard, retardement* ou *suspension* (§ 803)

§ 874.— Un retard tient, *momentanément,* la place de la note qu'il retarde; il *tend à se résoudre* sur cette note.

§ 875.— On ne peut retarder, dans un accord quelconque, que *celles* de ses notes *qui n'exigent point de préparation*.

§ 876.— *Un seul retard,* pratiqué dans un accord se nomme *retard simple; plusieurs retards* pratiqués à la fois se nomment *retards simultanés,* ou *retards double, triple* ou *quadruple,* selon qu'on retarde *deux, trois* ou *quatre notes* de l'accord.

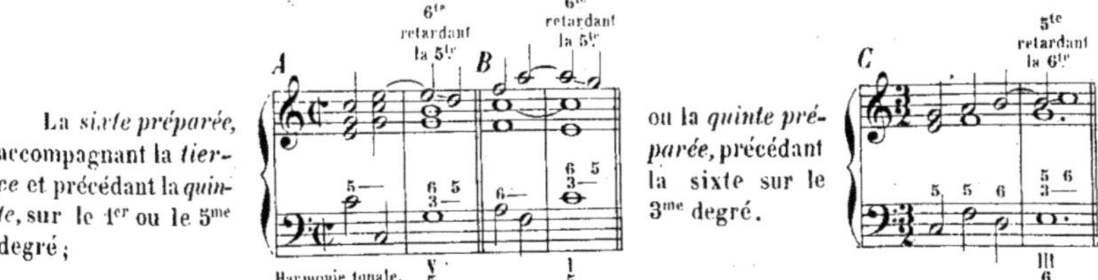

§ 877.— Pour être bien caractérisé, un retard *doit déterminer* par lui-même, *une dissonance,* indépendamment des autres dissonances que peut contenir l'accord. (Voir les exemples ci-dessus)

§ 878.— Toutefois, il est des circonstances où certaines notes *ne formant point de dissonances* doivent être considérées comme de *véritables retards.*

§ 879.— Pour qu'une note *non-dissonante* ait le *caractère du retard,* il faut qu'elle produise, sur le degré où elle est placée, *une harmonie qui ne soit pas tonale;* comme par exemple:

La *sixte préparée,* accompagnant la *tierce* et précédant la *quinte,* sur le 1er ou le 5me degré ; ou la *quinte préparée,* précédant la sixte sur le 3me degré.

NOTA.—Dans les deux premiers exemples, *la sixte fait désirer la quinte* dont elle n'est que le *retard;* dans le 3me exemple, *la quinte fait désirer la sixte.*

Mais, sur le *4ᵐᵉ* ou le *6ᵐᵉ degré*, la quinte précédant la sixte, celle-ci précédant la quinte *n'auraient nullement le caractère du retard*; parce que *l'accord parfait* et *l'accord de sixte* conviennent presque également à ces degrés, et que, chacun de ces accords satisfaisant l'oreille *l'un ne ferait pas désirer l'autre*.

§ **880.**—Néanmoins, dans certaines marches d'harmonie, la *symétrie du mouvement* peut donner à la *quinte montant sur la sixte*, ou à la *sixte descendant sur la quinte* le caractère du retard, *quel que soit le degré* sur lequel se succèdent ces deux intervalles.

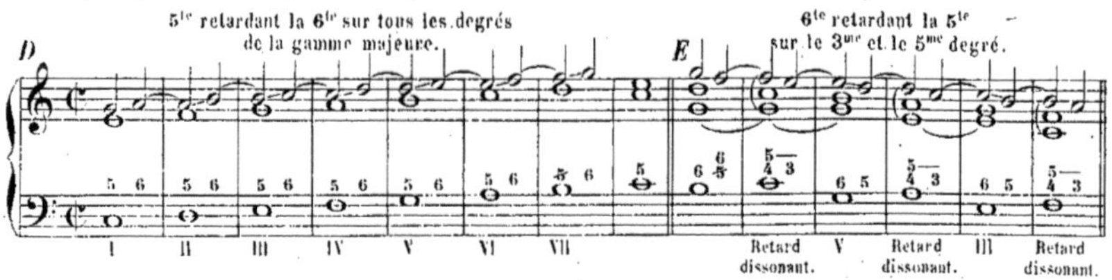

RETARD INFÉRIEUR ou Ascendant et RETARD SUPÉRIEUR ou descendant

§ **881.**—Une note peut être *retardée* par celle qui lui est immédiatement *inférieure*; mais, le plus souvent, le *retard* est placé à la *seconde supérieure* de la note qu'il retarde.

§ **882.**—On conçoit, aisément, que le *retard supérieur* doit se résoudre en *descendant d'un degré* (Ex: A. B. E. §§ 879 et 880); et le *retard inférieur*, en *montant* de la même quantité (Ex C. D).

§ **883.**—Un *retard supérieur* peut être ou *consonant* (§ 879 Ex. A. B.), ou *dissonant* (§ 880 Ex. E. 2ᵐᵉ, 4ᵐᵉ et 6ᵐᵉ mesure).

§ **884.**—Tout *retard inférieur*, à moins d'être le produit d'*une altération*, est ordinairement *consonant*, (Ex. C. D. §§ 879 et 880) puisqu'il se *résout en montant*, ce qui est contraire à la règle de résolution des *dissonances diatoniques*.

Cette règle, toutefois, n'est pas sans exception (§ 912 Ex. B. C. D. E. F.).

§ **885.**—Un retard *supérieur* ou *descendant* ne doit, en aucun cas, se trouver, simultanément avec la note qu'il retarde, à la *seconde supérieure* ou à la *septième inférieure* de cette note.

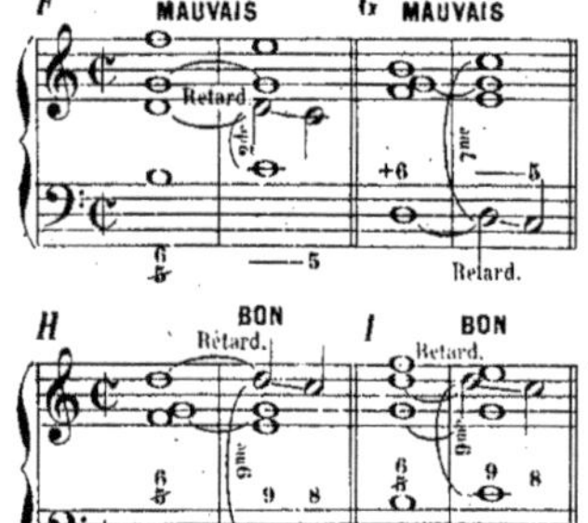

Mais il peut être placé à sa *neuvième supérieure* comme *retard de l'octave*.

§ **886.**—Un retard *inférieur* ou *ascendant* ne peut, que très rarement, se trouver, simultanément avec la note qu'il retarde, à la *septième supérieure* de cette note. La *note sensible retardant* la tonique a *seule* ce privilège.

Il ne doit, en aucun cas, être à sa *seconde inférieure*, cette *seconde* fut-elle
portée à *l'octave plus bas* pour former
neuvième.

§ 887.— Une note ne peut être retardée par sa *seconde augmentée* soit *inférieure*, soit *supérieure*. Il résulte de cela : 1° Que la *note sensible du mode mineur* ne peut avoir pour *retard
inférieur* que le 6me *degré haussé d'un* ou de *deux demi-tons chromatiques*.

2° Que le 6me *degré du même mode* ne peut a-
voir pour *retard supérieur* que le 7me degré baissé.
(Gamme mineure descendante 2de forme).

PRÉPARATION DU RETARD

§ 888.— Le *retard*, étant le *produit d'une prolongation*, on comprend qu'il ne peut exister qu'
à la condition d'être d'abord *préparé*.

La *préparation du retard* doit être conforme aux prescriptions des §§ 805, 806 & 807.

§ 889.— Après avoir été con-
venablement préparée, une note
peut devenir, successivement, *retard et septième ajoutée*, et *vice-
versà : septième ajoutée* et *retard*.

De la PLACE QUE DOIT OCCUPER le RETARD dans la PHRASE

§ 890.— On ne doit pas employer le *retard* pour *commencer* une phrase. On s'en sert quelquefois pour la *terminer*, mais seulement lorsque le caractère du morceau le permet ; car, le retard ainsi placé produit une *terminaison féminine*, sa résolution n'ayant lieu qu'au temps faible.

C'est donc, principalement, dans le *corps de la phrase* qu'un retard peut trouver place.

De la PLACE QUE DOIT OCCUPER le RETARD dans la MESURE

§ 891. — *Le retard* doit être placé sur un *temps fort* ou sur une *partie de temps* relativement *forte*. *Sa résolution* ne peut avoir lieu sur un temps *plus fort* que celui qu'il occupe lui-même.

Néanmoins, dans les mesures à *trois temps,* un retard peut n'occuper que le 2me temps et se *résoudre au 3me*.

Bien que, dans ces mesures, on puisse, parfois, n'effectuer qu'au 3me temps la résolution d'un retard commencé au 1er,

il est mieux, généralement, de faire cette résolution dès le 2me temps.

SUPPRESSION et REDOUBLEMENT de NOTES
dans les accords avec retards.

§ 892. — Dans un accord où il se trouve un *retard supérieur* de la *fondamentale* ou de la *tierce,* on ne peut retrancher *la note qui,* formant *avec le retard* un intervalle de *seconde supérieure* ou de *septième inférieure,* le rend *dissonant,* sans en affaiblir, considérablement, *le caractère suspensif.*

§ 893. — Comme toutes les notes à *mouvement obligé,* un *retard dissonant* ne doit jamais être doublé.

§ 894. — En dehors des cas particuliers signalés précédemment (§§ 885 et 886 Ex: H. 1. 1.), il est de principe que, pendant la *durée d'un retard,* il *ne faut pas faire entendre la note qu'il retarde,* dans *quelque partie que* ce soit, et à *quelque distance que* se trouve la *note retardée.* (*)

TRÈS MAUVAIS

Retard.   Note retardée.   Note retardée.

Note retardée.   Retard.   Retard.

5   5 4 3   5   5 4 3   5   7 6

(*) Nous donnons plus loin (§§

§ **895.**—On ne doit point doubler la *note de résolution* d'un retard, par le *mouvement di-rect;* car il en résulterait *l'octave directe* ou *l'unisson direct* défendus entre n'importe quelles parties (§ 605). Il faut en excepter, pourtant, *l'octave directe* provenant de la *permutation d'octave à la basse,* au moment de la résolution d'une *neuvième.*

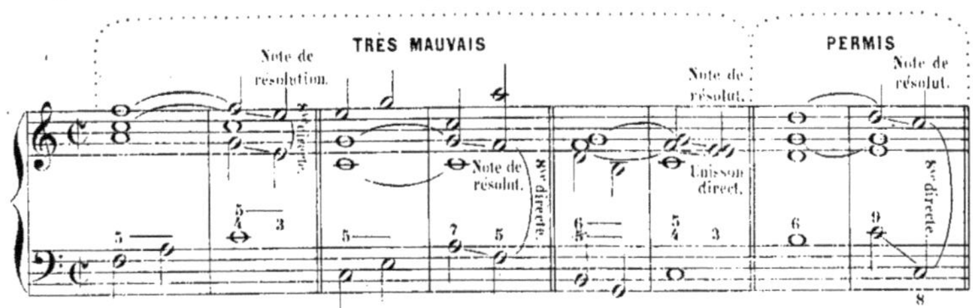

DES CHANGEMENTS D'ACCORDS

§ **896.**—*L'accord peut changer* au moment où le retard se résout. (Ex: des §§ 898 à 900), pourvu que la *note de résolution* fasse partie du *nouvel accord* et que, dans son *mouvement résolutif,* elle ne produise aucune des fautes suivantes:

1° — *L'octave directe* défendue ci-dessus (§ 895)

2° — *La quinte directe* avec la basse.

3° — *La quarte juste* par *mouvement direct* avec la *basse.*

4° — *Deux quintes justes* entre 2 parties quelconques.

5° — *Deux quartes justes* contre la basse;

à moins d'une *résolution* sur l'*accord de sixte sensible.*

DE LA RÉSOLUTION DU RETARD

§ **897.** — La *résolution* d'un retard est dite *naturelle,* quand elle se fait *sans changement d'accord;* elle est dite *exceptionnelle* lorsque l'*accord change* au moment où elle s'effectue.

§ 898. — Les *résolutions exceptionnelles* peuvent avoir lieu sur des accords *non-modulants*.

§ 899. — Elles peuvent avoir lieu sur des *accords qui modulent*: ces derniers sont presque toujours des *accords dissonants naturels*.

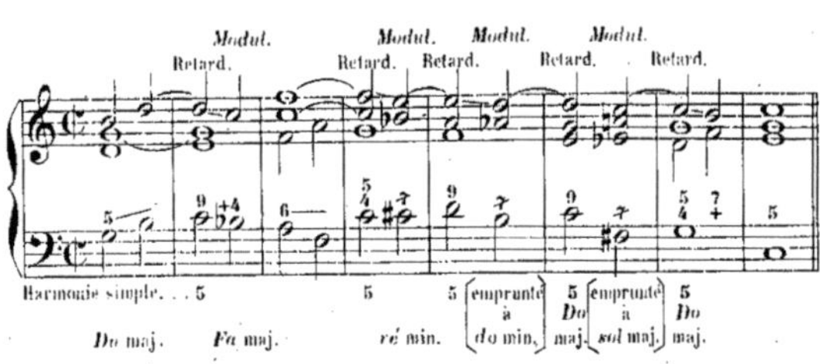

§ 900. — Aucun changement d'accord ne doit empêcher la *résolution d'un retard* de suivre sa *direction normale*.

Le mouvement résolutif peut être d'*un ton* au lieu d'être d'*un demi-ton, et vice-versà;* on peut *différer* ce mouvement; mais il faut qu'il ait lieu; sans quoi le retard perdrait absolument son caractère (*).

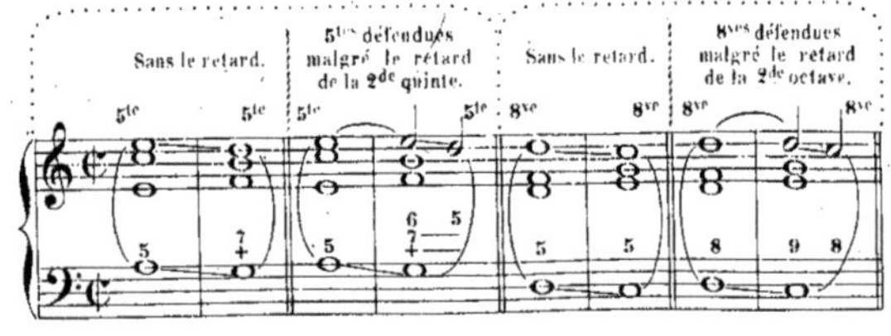

§ 901. — En résumé, les *résolutions exceptionnelles* des *accords avec retards* ne concernent point les *retards eux-mêmes;* mais, seulement, l'enchaînement de ces accords avec ceux qui les suivent.

Des QUINTES et des OCTAVES RETARDÉES

§ 902. — Deux *quintes justes,* ou surtout *deux octaves consécutives* ne sont pas, en général, suffisamment corrigées par le *retard* de l'une des notes formant ces intervalles.

(*) On verra plus loin (§   ) que les *pédales* produisent parfois des *agrégations semblables* à celles qui résultent de certains *retards.* Cela pourrait faire croire à la *non-résolution de ces retards* qui, en réalité, n'en sont point.

§ **903.**— Cependant, *on tolère*, entre deux des parties *supérieures, deux quintes* comme les suivantes, dont la *dureté est atténuée*, à la fois, et par *le retard*, et par la *disposition des autres parties*.

§ **904.**— On peut *tolérer* encore, entre deux parties quelconques, *deux quintes* dont une *diminuée*, dès que la *seconde quinte* est *retardée* par une note d'une valeur suffisante.

CROISEMENT PERMIS

§ **905.**— On permet le *croisement* entre deux parties dont l'une *tient* ou *résout* une dissonance pendant que l'autre *enjambe par dessus*.

§ **906.**— Mais il ne faut pas que les *notes aiguës* des deux parties qui croisent forment des *quintes* ou des *octaves consécutives* avec une autre partie.

RÉSOLUTION EXCEPTIONNELLE de la NOTE SENSIBLE

§ 907. — Dans l'enchaînement de *deux accords*, dont le *premier* contient, à un titre quelconque, la *note sensible*, et le *second* la *tonique retardée* par son degré supérieur, on est, forcément, *dispensé* de faire la *résolution* de la *sensible* sur la *tonique*; puisqu'en la faisant, on aurait, à la fois, le *retard* et la *note retardée*. (*)

§ 908. — La *note sensible* ne peut davantage se *résoudre en montant*, lorsque l'accord qui la contient, quel qu'il soit, est suivi du *retard du 6me degré par le 7me*; puisque ce *retard* ne peut être obtenu que par la *prolongation de la sensible*, laquelle, étant devenue *retard supérieur* est obligée de se résoudre en *descendant d'un degré*. (Ce cas ne se présente qu'en majeur)

Des NOTES qui, dans les ACCORDS avec RETARDS DESCENDANTS conviennent le mieux à la partie supérieure.

§ 909. — Ce sont:
1° — Le *retard lui-même* ou l'un *des retards*; à moins qu'il ne soit déjà *à la basse*.

2° — La *note* qui forme avec le *retard* une *seconde supérieure*.

VARIANTES
produites par la broderie inférieure de la note retardée ou par la broderie supérieure du retard descendant.

§ 910. — Pour marquer les temps, ou simplement pour donner plus de mouvement à la partie qui fait le retard, on applique parfois la *broderie inférieure* à la *note retardée*;

(*) Cette règle, toutefois, n'est pas applicable à la note sensible placée à la *basse* et précédant le *retard de l'octave sur la tonique* (Voir les exemples **H.I.** du § 885)

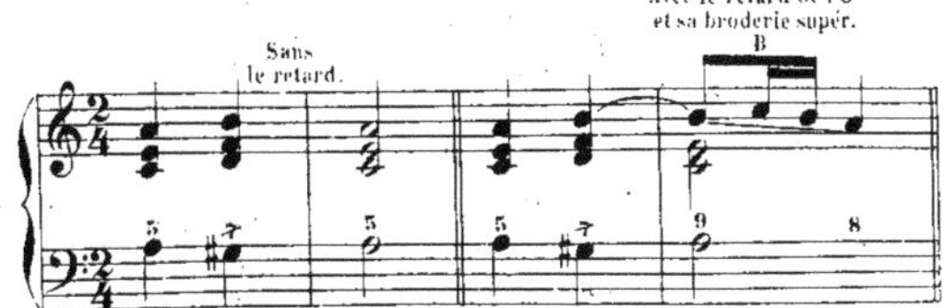

Ou la *broderie supérieure*
au *retard* lui-même.

NOTES DE PASSAGE
produisant, momentanément, le redoublement du retard
ou sa simultanéité avec la note retardée.

§ 911.— La *note* formant *retard* et la *note retardée* peuvent être entendues tour-à-tour, un *temps faible* et par *mouvement contraire*, comme *notes de passage* pendant la *durée du retard*.

N.-B.— Pour les *accords brisés* avec *retards*, voir

CHAPITRE II

Des RETARDS INFÉRIEURS ou ASCENDANTS
praticables dans les accords de trois sons
fondamentaux ou renversés.

RÈGLE GÉNÉRALE

§ 912.— La plupart des *retards inférieurs* ou *ascendants* ne se font qu'à *un demi-ton* de la note retardée, ils ont cela de commun avec les *ornements inférieurs*; et notamment avec l'*appoggiature*, qui n'est, en réalité, qu'un *retard non-préparé*.

Voici quelques-uns des *retards inférieurs* les *plus usités* dans les *accords de trois sons* :

RETARD INFÉRIEUR de la FONDAMENTALE
dans l'accord parfait du 1er degré et ses renversements.

A.L.6501.

RETARD INFÉRIEUR de la TIERCE
dans les accords parfaits du 1er et du 6me degré du mode mineur.

RETARD INFÉRIEUR de l'OCTAVE de la FONDAMENTALE
dans l'accord parfait du 1er degré et ses renversements (§   )

§ 913. — De tous les retards inférieurs qui précèdent, le plus caractérisé est celui de la *toni-que* par la *note sensible* dans le *mode mineur* (exemples *B. D. F.*); à cause de l'intervalle dissonant de *quarte diminuée* ou de *quinte augmentée* que forme cette *note sensible* avec la *médiante, tierce* de l'accord de tonique, *quinte* de l'accord du 6me degré; sans compter la *seconde augmentée* qui existe dans l'exemple *D* entre le 6me et le 7me degré, retard du 1er.

RETARD SUPÉRIEUR de la QUINTE par la SIXTE
dans les accords de trois sons.

§ 914. — Ce retard ne se fait guère que dans les accords fondamentaux des 1er et 5me degrés (§ 879) si ce n'est dans les *marches unitoniques* où il est pratiqué sur le 3me degré du mode majeur. Il est *mieux caractérisé* sur le *5me degré du mode mineur* que sur tout autre, à cause de la *quarte diminuée* ou de la *quinte augmentée* qu'il forme avec la *note sensible*, tierce de l'accord (Ex: *H*.)

EXERCICES
Réaliser les *marches* suivantes avec le nombre de parties indiqué.

N° 228.
(à 4 parties.)

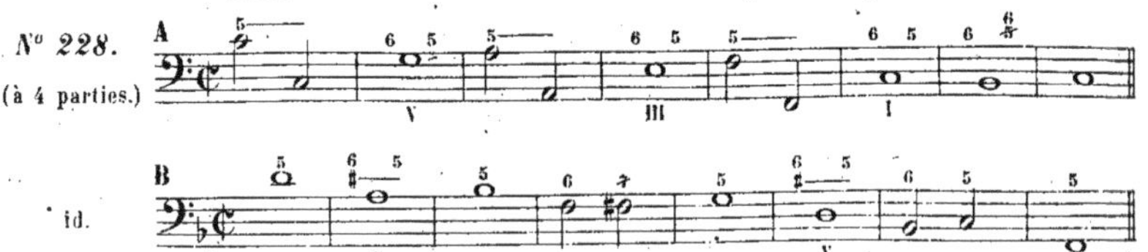

id.

BASSE DONNÉE
pour l'emploi des retards inférieurs et du retard supérieur de la quinte
dans les accords de trois sons.
Chiffrer et réaliser.

CHAPITRE III

Des RETARDS DISSONANTS SUPÉRIEURS SIMPLES
praticables dans les accords de trois sons
fondamentaux ou renversés.

Ce sont:

1° — Le *retard de la fondamentale* par le *degré supérieur;*
2° — Le *retard de la tierce* de la fondamentale *par la quarte;*
3° — Le *retard de l'octave* de la fondamentale *par la neuvième;*
4° — Le *retard de l'octave par la neuvième* dans les accords de *sixte* et de *quarte et sixte.*

§ **915.**—Tous ces retards doivent se *résoudre* en *descendant d'un degré.*

Ils sont praticables, aux conditions stipulées (§§ 885 et 887 à 891) *dans toutes les parties,* à l'état *fondamental* ou *renversé,* à l'exception du *retard de l'octave* qui ne peut être placé à la *basse.*

CHAPITRE IV

RETARD SUPÉRIEUR de la FONDAMENTALE

§ 916.—Le retard supérieur de la fondamentale des accords de trois sons produit, momentanément, les *accords artificiels* suivants:

1° — à l'ÉTAT FONDAMENTAL:

ACCORDS de SECONDE et QUARTE

ou

RETARD de la BASSE
dans l'accord parfait majeur, l'accord parfait mineur
et l'accord de quinte diminuée.

On chiffre ces accords par $\frac{4}{2}$ (avec leur résolution naturelle: $\frac{4}{2}$—)

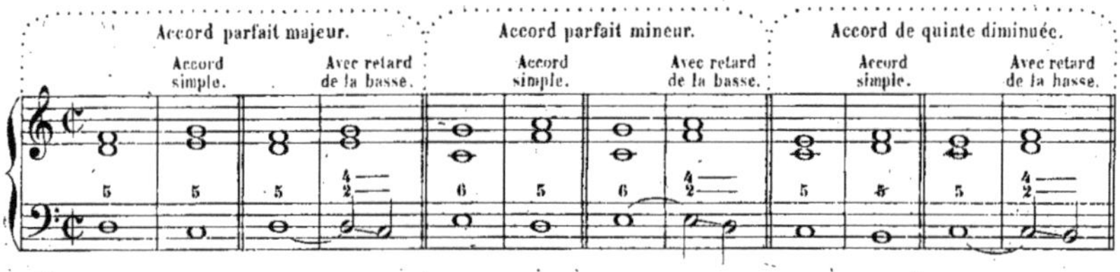

2° — à l'ÉTAT de PREMIER RENVERSEMENT:

RETARD de la SIXTE,
par la septième, dans les accords de sixte.

On chiffre ces accords par 7 (avec leur résolution naturelle: 7 6)

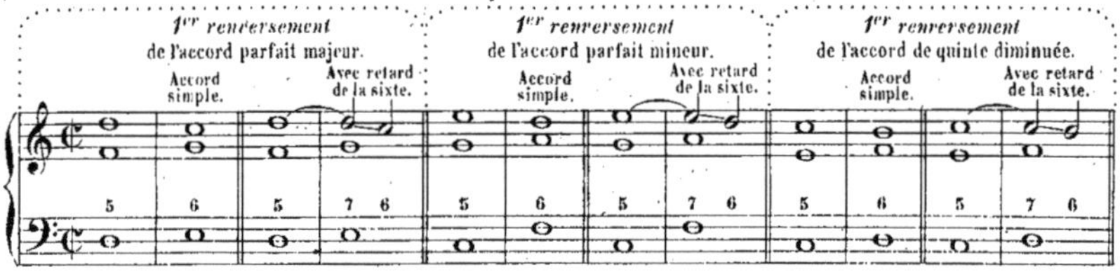

3° — à l'ÉTAT de SECOND RENVERSEMENT:

RETARD de la QUARTE,
par la quinte, dans les accords de quarte et sixte.

On chiffre ces accords par $\frac{6}{5}$ ou $\frac{6}{0}$ (Avec leur résolution naturelle: $\frac{6}{5}$—$\frac{}{4}$. Le zéro indique qu'il ne faut pas de tierce.)

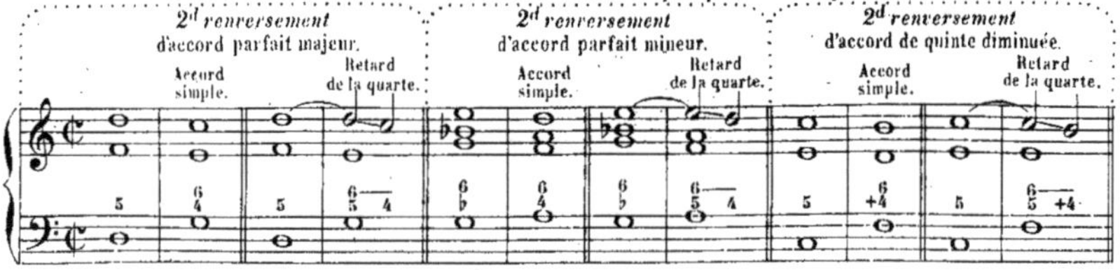

SUPPRESSION DE NOTES

§ 917. — En général, il ne faut supprimer *aucune note* de ces accords, dès qu'on a *trois parties;* à deux parties, on *retranche la quarte* de l'accord de *seconde et quarte,* la *tierce* du *1er* renversement et la *sixte* du *2d* (ce dernier est alors *peu caractérisé.*)

RÉALISATION des ACCORDS de 3 SONS FONDAMENTAUX
avec retard de la fondamentale.

NOTES SUSCEPTIBLES de REDOUBLEMENT

1° — La SECONDE; 2° — La QUARTE
selon le degré que ces notes occupent dans la gamme.

DIVERSES BONNES DISPOSITIONS DE CES ACCORDS A 3 ET A 4 PARTIES.

§ 918. — Lorsque le *retard de la basse* d'un *accord parfait* est précédé d'un *autre accord parfait* à l'état fondamental, *les deux quintes défendues* (§ 902) sont à craindre.

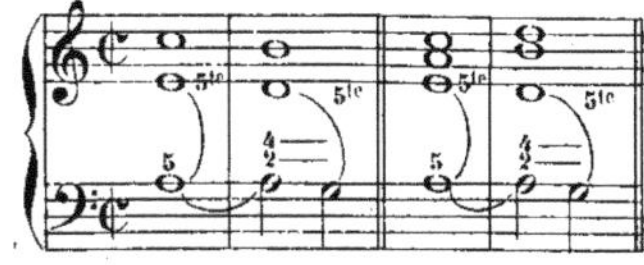

Voici diverses manières de les éviter:

(*) Dans ce dernier exemple, nous avons dû *faire cesser le redoublement du Fa,* au moment de l'attaque du *Si* par la basse; afin de n'avoir pas la *quinte diminuée doublée.*

§ **919.**—Lorsque l'accord de *sixte du 2d degré* est suivi du *retard de la basse* dans l'accord parfait du *1er*; la *note sensible*, sixte du 2d degré, ne pouvant monter à la *tonique* qui est *retardée* (§ 907) procède alors par *degrés disjoints*, soit qu'elle *monte d'une quarte*, soit qu'elle *descende d'une tierce ou d'une quinte*.

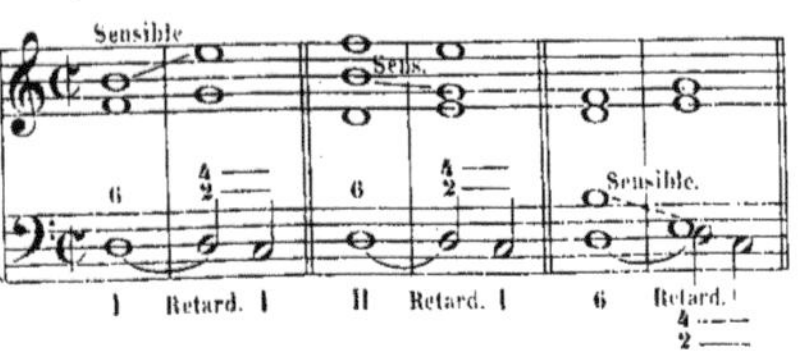

EXERCICES

Réaliser les leçons suivantes à *trois* et à *quatre* parties.

N° 230.

A

MARCHE UNITONIQUE

B

MARCHES MODULANTES

C

D

E

EMPLOI des ACCORDS de SECONDE et QUARTE
sur une Basse donnée.
Résolution naturelle.

§ **920.**—Toute note de basse, *préparée* et *descendant d'un degré du temps fort au temps faible*, peut être considérée comme étant le *retard supérieur* de la note sur laquelle elle descend.

§ **921.**—*Cette première note* peut porter un accord de *seconde et quarte* sur le *temps fort*, après préparation, chaque fois que *sa note de résolution* est suceptible de recevoir un accord de trois sons à l'état fondamental.

LEÇONS pour l'*EMPLOI* du *RETARD* de la *BASSE*
dans les *accords de trois sons fondamentaux*
en
RÉSOLUTION NATURELLE

(*Chiffrer et réaliser à quatre parties.*)

LEÇON sur les *RÉSOLUTIONS EXCEPTIONNELLES*
(Voir les §§ 897 à 901.)

(Réaliser à *quatre parties*.)

RÉALISATION des ACCORDS de SIXTE
avec retard de la sixte par la septième.

NOTES SUSCEPTIBLES de REDOUBLEMENT

1°— La *BASSE*; 2°— La *TIERCE*
selon le degré que ces notes occupent dans la gamme.

DIVERSES BONNES DISPOSITIONS DE CES ACCORDS A 3 ET A 4 PARTIES.

§ 922.— La *basse doublée* des accords de sixte avec ou sans retard n'est admise, à la partie supérieure et au temps fort, que sur les bons degrés; et, principalement, sur le 4me.

§ 923.— Mais, au moment où la septième se résout sur la sixte, ou postérieurement à cette résolution, la *partie supérieure* peut *attaquer l'octave de la basse*, (quel qu'en soit le degré) cette basse étant *tenue* et son *redoublement* ne se produisant qu'*après coup*. (§ 231)

QUINTES RETARDÉES

§ 924.—On a vu (§ 903) que *deux quintes* sont *tolérées* entre les *parties supérieures,* lorsque la *deuxième* de ces quintes est *retardée.*

Cette règle autoriserait une suite de *quintes retardées* comme les suivantes.

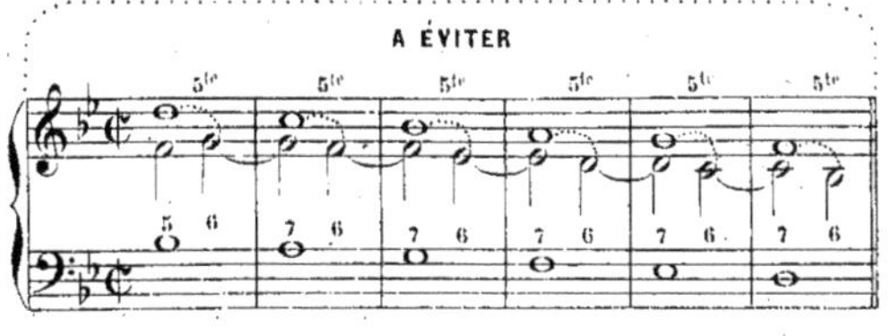

Cependant, il est *bien préférable* de disposer ces accords ainsi qu'il suit, de manière à avoir une suite de *quartes retardées* au lieu d'une suite de quintes.

§ 925.—*NOTA*—Lorsqu'un retard *a été résolu,* il peut être considéré comme n'*ayant pas existé;* son effet est *nul* au point de vue des enchaînements d'accords *qui succèdent à sa résolution.*

C'est pourquoi, dans l'exemple ci-dessus, les *quintes* produites entre la 1ère et la 2me partie, au 1er temps de chaque mesure, *ne sont pas fautives;* elles sont *sauvées* par la *résolution du retard.*

EXERCICES

Réaliser les marches suivantes avec le *nombre de parties* indiqué en tête de chacune d'elles.

MARCHES UNITONIQUES

Nº 234.

MARCHES MODULANTES

EMPLOI
du retard de la sixte par la septième
dans les accords de sixte, sur une basse donnée.

§ 926.—La *septième retardant la sixte* peut s'employer sur toute note de basse à laquelle conviendrait l'accord de sixte, pourvu que l'accord précédent permette la *préparation de la septième*, et que celle-ci puisse être résolue régulièrement. (Pour l'accord de sixte du 1er degré en mineur, consulter le § 887.)

BASSE DONNÉE pour l'EMPLOI du RETARD de la 6te par la 7me
dans les *accords de sixte*
en
RÉSOLUTION NATURELLE

(*Chiffrer et réaliser* à quatre parties.)

DU CHANT DONNÉ
pour l'emploi des retards.

§ 927.—*Toute note du chant*, qui, après avoir été *préparée, descend d'un degré*, du temps fort au temps faible (*) peut être considérée comme étant le *retard supérieur* de la note sur laquelle elle descend.

Il est vrai que, dans certains cas, on peut traiter en *septième ajoutée* une note se présentant dans les mêmes conditions de *préparation* et de *résolution*.

(*) Se rappeler que, dans les mesures à *trois temps*, le retard, préparé au 1er temps, peut occuper le 2me et se résoudre au 3me (§ 591).

C'est, principalement, *à la tonique descendant d'un degré* qu'on peut appliquer ce second mode d'emploi aussi-bien que le premier.

En effet, la *tonique* ainsi *préparée* et *résolue*, peut remplir, tour-à-tour, les *fonctions* suivantes:

1°— *Retard de la tierce* dans l'un des accords *fondamentaux* établis sur la *dominante*.

2°— *Retard de la sixte* sur le 2me degré portant l'un des accords de *sixte*, de *quarte et sixte*, ou de *sixte sensible*.

3°— *Retard de la quarte augmentée* sur le 4me degré portant *quarte augmentée* et *sixte* ou accord de *triton*.

4°— *Septième ajoutée par prolongation* sur le 2me degré, ou son 1er renverse-ment, l'accord de *quinte et sixte* du 4me, ou, bien plus rarement, son 2me renversement.

§ 928.—*Toute autre note que la tonique,* se présentant dans les mêmes conditions de *préparation* et de *résolution,* doit être le plus souvent, traitée en *retard* plutôt qu'en *septième ajoutée;* à moins, cependant, qu'elle ne fasse partie d'une *série de syncopes descendantes,* auquel cas, chaque *note syncopée* peut être considérée, à volonté, comme *septième ajoutée* ou comme *retard supérieur* de la note qui lui succède.

EMPLOI
du retard de la sixte par la septième
dans l'accord de sixte, le chant étant donné.

§ 929.—*L'accord de sixte* ne se pratiquant, en dehors des marches unitoniques, que sur les 2me, 3me, 4me, 6me et 7me degrés; les *notes du chant* qu'on peut traiter en *septième retardant la sixte* dans cet accord sont:

1°— La *tonique* descendant à la sensible; (accord de sixte du 2d degré.)

3°— Le *3me degré* descendant au 2me; (accord de sixte du 4me degré.)

2°— Le *2me degré* descendant au 1er; (accord de sixte du 3me degré.)

4°— Le *5me degré* descendant au 4me; (accord de sixte du 6me degré.)

5°— Le *6me degré* descendant au 5me; (accord de sixte du 7me degré.)

§ 930.— Quant aux *retards de sixtes* qui, n'étant point donnés à la partie supérieure, pourraient être introduits dans les *parties intermédiaires;* on les trouvera facilement: en fixant d'abord *l'harmonie simple*, pour ajouter ensuite le *retard de la sixte* partout où la *préparation* et la *résolution* de la septième pourront se faire régulièrement.

On se rappellera, d'ailleurs, qu'à défaut de la septième retardant la sixte, c'est la *tierce* qui doit, presque toujours, occuper la *1re partie* dans les *accords de sixte;* et que, conséquemment, *des notes comme les suivantes*, placées au *chant*, pourront s'harmoniser ainsi qu'il suit:

Le *4me degré* descendant au 3me pourra être considéré comme étant la *tierce de l'accord de sixte* du 2d degré.

Or, si *l'accord précédent* permet de préparer la septième de ce 2d degré, rien ne s'opposera à l'emploi du *retard de la sixte* dans cet accord.

Il en sera de même des *1er*, *2me*, *5me* et *6me* degrés, qui pourront être considérés comme remplissant la *fonction de tierce* sur les *6me*, *7me*, *3me* et *4me* degrés portant *accord de sixte avec retard de la sixte par la septième.*

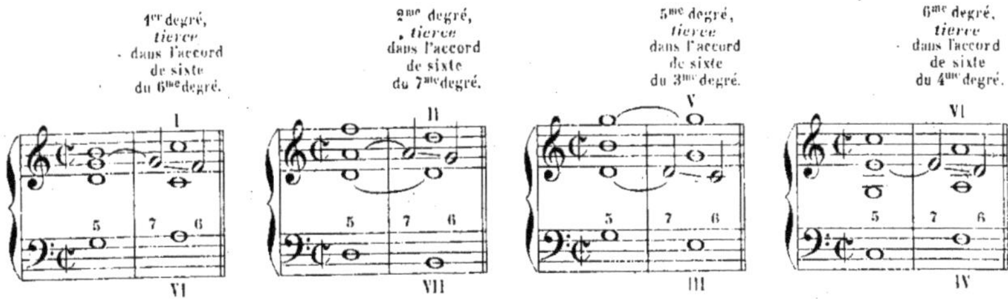

CHANT DONNÉ pour l'EMPLOI du RETARD de la 6te par la 7me
dans les *accords de sixte*
en
RÉSOLUTION NATURELLE

(*Harmoniser* et *réaliser* cette leçon à quatre parties.)

LEÇONS sur les RÉSOLUTIONS EXCEPTIONNELLES
(Voir les §§ 897 à 901.)

(*Réaliser* à quatre parties.)

Chiffrer et *réaliser* à quatre parties.

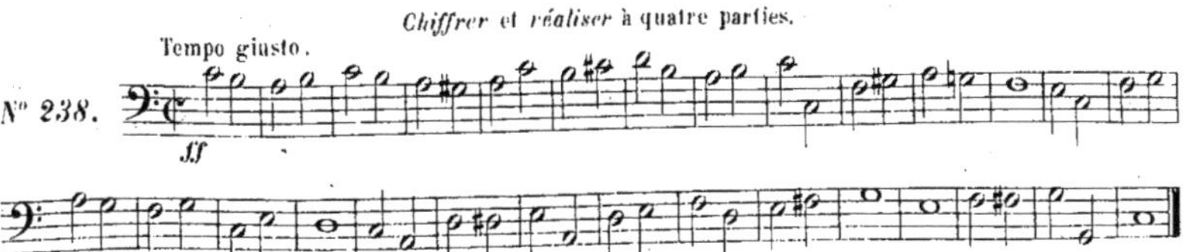

RÉALISATION des ACCORDS de QUARTE et SIXTE
avec retard de la quarte par la quinte.

NOTES SUSCEPTIBLES de REDOUBLEMENT
dans les seconds renversements d'accords parfaits:

1° – *La BASSE*; 2° – à la rigueur *La SIXTE*
(à moins qu'elle ne soit note sensible.)

dans l'accord de quarte augmentée et sixte:
La SIXTE SEULEMENT.

DIVERSES BONNES DISPOSITIONS de ces ACCORDS à 3 et à 4 PARTIES.

EXERCICES

RETARD de la QUARTE par la QUINTE
dans les accords de *quarte et sixte*
en
RÉSOLUTION NATURELLE

MARCHE A 4 PARTIES

EMPLOI du RETARD de la QUARTE par la QUINTE
dans les accords de quarte et sixte.

§ 934. — Ce retard est *fort usité* sur la *dominante*, dans les *formules de cadences*.

On peut, d'ailleurs, l'employer sur un *degré quelconque* pouvant porter un accord de *quarte et six-te*, dès que *la quinte*, retard de la quarte, peut être *préparée* et *résolue* régulièrement.

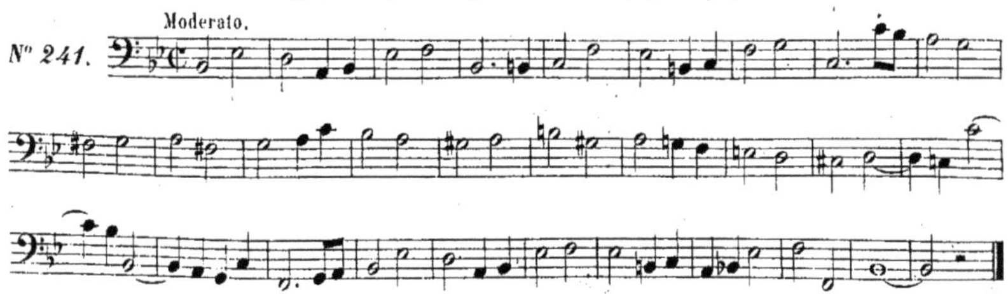

CHANT DONNÉ
pour l'emploi du *retard de la quarte par la quinte* dans l'accord de quarte et sixte
placé sur *divers degrés*, et principalement sur le *1er* et le *5me* (*)

(A QUATRE PARTIES)

N° 242.

RÉSOLUTIONS EXCEPTIONNELLES
(Voir §§ 897 à 901.)

MARCHES A 4 PARTIES

N° 243.

ADJONCTION D'UNE SIXTE
à l'accord de seconde et quarte.

§ 932. — L'accord de *seconde et quarte*, n'étant qu'un *accord parfait* ou un *accord de quinte diminuée* dont la basse est retardée, ne se compose que de *trois sons*.

Cependant, sa réalisation à *quatre parties* présentant souvent des difficultés, il est d'usage, pour sortir d'embarras, d'y introduire une *sixte* comme *retard inférieur de l'octave*: on obtient ainsi un accord de *quatre sons*, d'une réalisation plus facile.

ADJONCTION D'UNE QUINTE
à l'accord de septième retardant la sixte.

§ 933. — La *sixte*, introduite dans un accord de *seconde et quarte*, produit, dans le *premier renversement*, un *second retard* de la *sixte* par la *quinte*.

(*) Les explications qui ont été fournies (§§ 927 à 930) enseignent, suffisamment, de quelle manière on doit *raisonner* pour trouver l'emploi d'un *retard quelconque* lorsque la *partie supérieure* de l'harmonie est *donnée*.
Nous croyons donc inutile d'y rien ajouter.

ADJONCTION D'UNE TIERCE
à l'accord de sixte et quinte, retard de la quarte.

§ 934. — Cette même note produirait, dans le *second renversement*, un autre *retard de la quarte* par la *tierce*; mais l'effet de ce *double retard* est *peu satisfaisant* et ne se pratique guère.

§ 935. — Lorsque *cette note* (*sixte* dans l'accord de *seconde et quarte*, *quinte* dans l'accord de *septième* retardant la sixte, *tierce* dans l'accord de sixte et quinte, retard de la quarte) est *préparée* et *monte d'un degré*, comme dans les exemples précédents, elle a bien le caractère du *retard inférieur* et son introduction dans l'accord n'en altère pas le sens.

§ 936. — Mais il arrive parfois qu'on introduit cette note *sans l'avoir préparée*. Elle ne peut alors être considérée comme retard.

Or, *l'analogie* qui existe, d'une part, entre l'accord de *seconde et quarte* avec *adjonction* d'une *sixte*, et le *3me renversement* d'une *septième ajoutée* (accord de seconde;)

D'autre part, entre la *septième retardant la sixte* avec *adjonction* d'une *quinte*, et l'accord de *septième par prolongation*;

Enfin, entre l'accord de *sixte et quinte*, retard de la quarte, avec *adjonction* d'une *tierce*, et le *1er renversement* d'une *septième ajoutée* (accord de quinte et sixte;)

Cette *analogie*, disons-nous, peut amener la *confusion* entre ces accords.

À la vérité, il est souvent indifférent, dans la pratique, d'envisager ces *accords artificiels* plutôt d'une manière que de l'autre; l'essentiel étant *d'en préparer* la *dissonance* et de la *résoudre* en descendant *d'un degré*, ce qui doit être fait, de la même façon, dans l'un et l'autre cas.

Cependant, au point de vue de l'analyse, il n'est pas sans intérêt d'établir une distinction entre ces deux faits harmoniques.

§ 937. — On doit donc considérer:

1º. — Comme *retard de la fondamentale*, tout accord de *seconde et quarte* avec ou sans sixte, faisant sa *résolution* sur l'un des accords de *trois sons fondamentaux;*

et comme *3ᵐᵉ renversement d'une septième ajoutée*, tout accord formé des *mêmes intervalles* dont la *résolution* aurait lieu sur un *accord de sixte* ou de *quinte et sixte.*

2º. — Tout accord de *tierce et septième*, avec ou sans quinte, faisant sa *résolution* sur l'accord de *sixte*, même note de basse, doit être considéré comme *retard de la sixte.*

tout accord formé des *mêmes intervalles* dont la *basse monte de quarte* ou *descend de quinte*, doit être analysé comme accord de *septième ajoutée.*

3º. — Enfin, tout accord de *quinte et sixte*, avec ou sans *tierce*, dont la *résolution* aurait lieu sur l'accord de *quarte et sixte*, même note de basse, devrait être considéré comme *retard de la quarte* dans ce dernier accord;

tandis qu'un accord formé des *mêmes intervalles* qui ferait sa *résolution* sur l'accord de *seconde*, même degré, ou sur l'accord fondamental du *degré supérieur*, devrait s'analyser comme *1ᵉʳ renversement d'une septième ajoutée.*

Voilà pour les *résolutions naturelles.*

§ 938. — Mais, lorsque *ces accords* sont en *résolution exceptionnelle*, il est moins facile de les *distinguer les uns des autres.*

Pour établir cette distinction, un seul moyen se présente: C'est de rechercher *l'harmonie simple* de *l'accord dissonant* qu'on veut analyser, c'est-à-dire *l'accord* qui, en *harmonie consonante*, remplacerait le mieux, le plus naturellement, cet *accord dissonant.*

Ainsi, supposons ces *deux résolutions exceptionnelles de la septième mineure de* RÉ, *et cherchons-en l'harmonie simple:*

Nous reconnaîtrons:

1° — Que *l'accord parfait,* étant le *seul possible* dans le 1ᵉʳ cas, la *septième* est une *note ajoutée par prolongation.*

2° — Que *l'accord de sixte* étant le *plus convenable* dans le 2ᵈ cas, la *septième* n'est qu'un *retard de la sixte* avec *adjonction d'une quinte.*

§ 939. — On pourra constater, d'ailleurs, que, dans la plupart des *résolutions exceptionnelles* des accords avec *prolongation,* la *dissonance* résultant de cette prolongation a plutôt le *caractère du retard* que celui de *septième ajoutée.*

<h3 style="text-align:center">ADJONCTION D'UNE SIXTE
à l'accord de seconde et quarte,
et d'une quinte à la septième retardant la sixte.</h3>

MARCHES D'HARMONIE
(A QUATRE PARTIES)

CHAPITRE V

RETARD de la TIERCE par la QUARTE
dans les accords de trois sons.

§ 940.—Le *retard de la tierce par la quarte*, dans les accords de *trois sons*, produit, momentanément, les *accords artificiels* suivants:

1º — à l'ÉTAT FONDAMENTAL:
ACCORD de QUARTE et QUINTE
ou
RETARD de la TIERCE
dans l'accord parfait majeur, l'accord parfait mineur,
et l'accord de quinte diminuée.

On chiffre ces accords par $\frac{5}{4}$ ou $\frac{5}{4}$ (avec leur résolution naturelle: $\frac{5}{4}\frac{}{3}$ ou $\frac{5}{4}\frac{}{3}$)

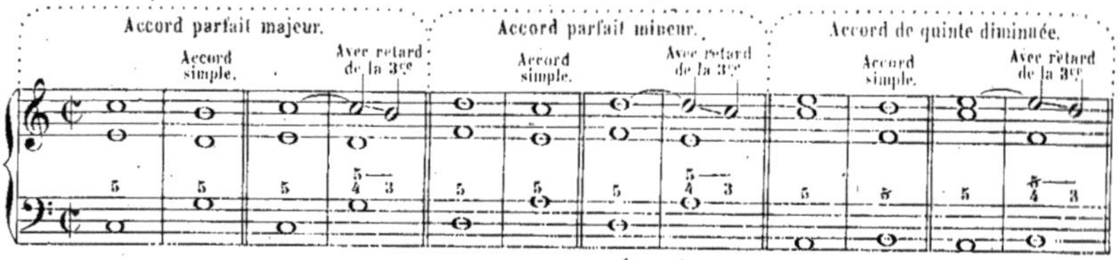

2º — à l'ÉTAT de PREMIER RENVERSEMENT:
ACCORDS de SECONDE et QUINTE
ou
RETARD de la BASSE
dans les accords de sixte.

On chiffre ces accords par $\frac{5}{2}$ (avec leur résolution naturelle: $\frac{5}{2}$)

3º — à l'ÉTAT de SECOND RENVERSEMENT:
ACCORDS de QUARTE et SEPTIÈME
ou
RETARD de la SIXTE
dans les accords de quarte et sixte.

On chiffre ces accords par $\frac{7}{4}$ (avec leur résolution naturelle $\frac{7}{4}\frac{6}{}$)

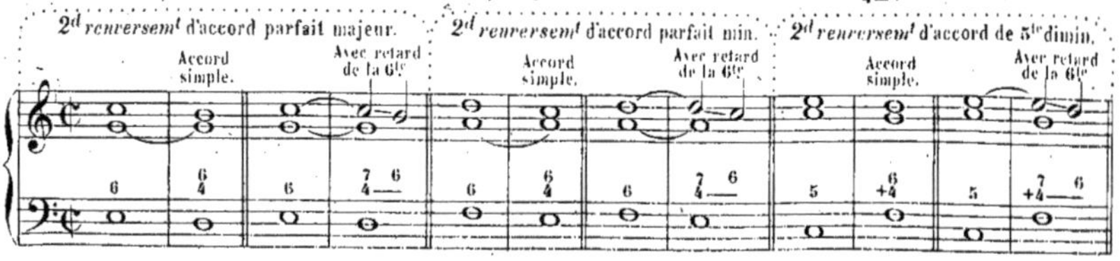

SUPPRESSION DE NOTES

§ 941.—En général, il ne faut *rien supprimer* de ces accords dès qu'on a *trois parties.*

RÉALISATION des ACCORDS de 3 SONS FONDAMENTAUX
avec retard de la tierce par la quarte.

NOTES SUSCEPTIBLES de REDOUBLEMENT:

1°—*La BASSE; 2°—La QUINTE JUSTE*

§ 942.— *NOTA*—*La quinte diminuée ne se double jamais,* qu'il y ait retard ou non.

§ 943.—On *ne double pas* non plus la *note sensible du mode mineur* portant accord de quinte diminuée avec retard de la tierce.

DIVERSES BONNES DISPOSITIONS DE CES ACCORDS A 3 ET A 4 PARTIES

§ 944.—On peut, quelquefois, placer à la *partie supérieure,* la *basse doublée* d'un accord de *3 sons* avec *retard de la tierce;* et principalement sur le 1er et le 5me degré.

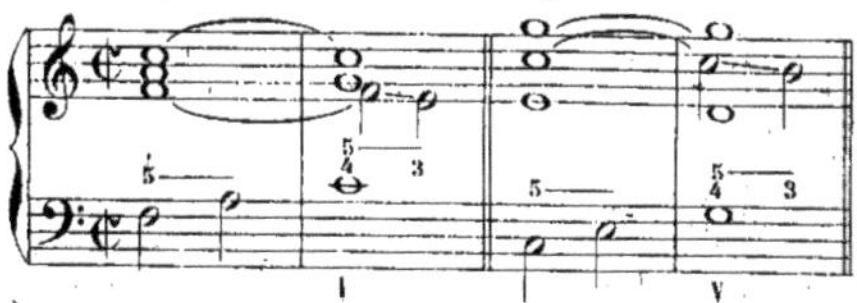

§ 945.—Mais, dans tout accord de *3 sons* où le *retard de la tierce* forme le *demi-ton inférieur* avec la quinte, comme sur le *4me degré en majeur,* et le *6me degré en mineur;* la seule position *vraiment bonne* est celle où la *quarte* occupe la *1re partie;* à moins que ces accords avec retard de la tierce ne fassent partie d'une *marche unitonique.*

§ **946.**—Quant à l'accord de *quinte diminuée* du 7me degré des deux modes avec *retard de la tierce*, le redoublement de la basse (très mauvais en mineur à n'importe quelle partie) ne doit occuper en *majeur* que l'une *des parties intermédiaires*.

EMPLOI du RETARD de la TIERCE par la QUARTE
dans les accords de trois sons fondamentaux.

§ **947.**—Le *retard de la tierce* par la *quarte* peut se pratiquer *sur toute note de basse* à laquelle conviendrait l'un des accords de trois sons fondamentaux, pourvu que l'accord précédent permette la *préparation de la quarte*, et que celle-ci puisse être *résolue régulièrement*.

Ce retard est fort usité sur la *dominante*, et parfois aussi sur la *tonique*, DANS LES CADENCES.

EXERCICES

Réaliser, à quatre parties, toutes les *formules de cadences* qui suivent;
et à trois parties, celles qui se prêtent à cette réalisation.
Désigner la *nature de chaque cadence*.

AUTRES EXERCICES

MARCHES UNITONIQUES
à compléter et *réaliser*.

N° 246.

LEÇONS pour l'EMPLOI du RETARD de la TIERCE par la QUARTE
dans les *accords de trois sons fondamentaux*
en
RÉSOLUTION NATURELLE.

BASSES DONNÉES
qu'on devra chiffrer et réaliser à quatre parties.

AUTRES EXERCICES.

MARCHES D'HARMONIE

RÉSOLUTIONS EXCEPTIONNELLES (§§ 897 à 901.)

BASSE DONNÉE pour l'EMPLOI du RETARD de la TIERCE par la QUARTE
dans les *accords de trois sons fondamentaux.*

RÉSOLUTIONS EXCEPTIONNELLES
(Réaliser à quatre parties.)

RÉALISATION des ACCORDS de SECONDE et QUINTE
résultant du retard de la basse
dans les accords de sixte.

NOTES SUSCEPTIBLES de REDOUBLEMENT:

La SECONDE ou la QUINTE.

§ **948.** — *EXCEPTION.* — *Ne pas doubler la quinte du 3ᵐᵉ degré retardant la basse dans l'accord de sixte du 2ᵐᵉ degré, lorsque celui-ci est suivi de l'accord de tonique.*

DIVERSES BONNES DISPOSITIONS DE CES ACCORDS A 3 ET A 4 PARTIES

EMPLOI du RETARD de la BASSE
dans les accords de sixte.

§ 949.—Toute *note de basse préparée* et *descendant d'un degré* du *temps fort* au *temps faible*, peut porter un accord de *seconde et quinte* sur le *temps fort*, après préparation, chaque fois que sa *note de résolution* est susceptible de porter un *accord de sixte*.

Au reste, ce retard est, relativement, peu usité; à cause du *vide harmonique* des parties supérieures, qui sont en relation de *quarte* ou de *quinte*.

LEÇONS A QUATRE PARTIES
pour l'EMPLOI du RETARD de la BASSE

dans les *accords de sixte*

en

RÉSOLUTION NATURELLE.

BASSES et CHANTS ALTERNÉS

RÉALISATION des ACCORDS de QUARTE et SEPTIÈME
résultant du retard de la sixte
dans les accords de quarte et sixte.

NOTES SUSCEPTIBLES de REDOUBLEMENT:

1° — La BASSE ; 2° — La QUARTE.

§ **950.** — *NOTA.* — L'accord de *quarte augmentée et sixte* du *4ᵐᵉ* degré ne permettant ni le redoublement de la basse ni celui de la quarte, *ne peut se faire qu'à 3 parties,* lorsqu'on en retarde la sixte.

MARCHES D'HARMONIE

EMPLOI du RETARD de la SIXTE
par la septième, dans les accords de quarte et sixte

§ 951.—Ce retard se fait, principalement, sur la *dominante* dans les *formules de cadences.*

On peut, d'ailleurs, l'employer sur *un degré quelconque* pouvant porter un *accord de quarte et six-te,* dès que la septième, retard de la sixte, peut être *préparée* et *résolue régulièrement.*

BASSES DONNÉES
pour l'EMPLOI du RETARD de la SIXTE par la SEPTIÈME
dans les *accords de quarte et sixte.*

CHAPITRE VI

RETARD de l'OCTAVE par la NEUVIÈME.

§ **952.**—Ce retard échappe à la règle qui défend de faire entendre la note retardée pendant la durée du retard. (§ 894)

Il en résulte cette particularité, qu'il *ajoute un son* à l'accord simple; c'est le seul retard qui soit dans ce cas.

(a) Se rappeler que le *redoublement d'une note* n'ajoute rien à la constitution d'un accord. (§ 70)

RETARD de la FONDAMENTALE DOUBLÉE

§ **953.**—C'est surtout comme *retard de la fondamentale doublée* qu'on emploie la *neuvième retardant l'octave.*

Ce retard produit, à l'*état fondamental*, un accord composé de *tierce, quinte et neuvième.*

On l'appelle, selon le cas:

Retard de l'octave { dans l'accord *parfait majeur,* { dans l'accord *parfait mineur,* { dans l'accord de *quinte diminuée.*

On le chiffre par 9 ou $\frac{9}{5}$ (avec sa résolution naturelle, 9 8 ou $\frac{9\ 8}{5}$)

SUPPRESSION de la QUINTE, SUPPRESSION de la TIERCE.

§ **954.**—On peut, au besoin, *retrancher la quinte* d'un accord de *trois sons fondamental* avec *retard de l'octave;* et, si l'on veut *quatre parties,* on en *double* alors la *tierce.*

§ **955.**—Quant à *celle-ci,* elle ne saurait être supprimée (à moins de n'avoir que deux parties,)non-seulement à cause des raisons exposées au § 104, mais encore, parce qu'elle forme avec la *neu-vième* un intervalle de *seconde supérieure* ou de *septième inférieure* qui contribue, puissamment, à donner à cette dernière le caractère suspensif. (Voir § 892)

DISPOSITION des ACCORDS de TROIS SONS
avec retard de l'octave par la neuvième

§ 956.—*Les deux notes en rapport de neuvième* dans le retard de l'octave ne doivent être, en aucun cas, *rapprochées à distance de seconde.*

§ 957.—Bien qu'il soit permis de mettre en *contact immédiat* les *deux notes en rapport de neuvième*, il est infiniment préférable d'avoir, au moins, un *son intermédiaire* entre ces deux notes; mais, nous le répétons: *ceci n'est pas indispensable.*

EXERCICES
Terminer et réaliser les *marches d'harmonie* suivantes.

RETARD de l'OCTAVE par la NEUVIÈME
dans les *accords de trois sons fondamentaux*
en
RÉSOLUTION NATURELLE.

N° 258.

MARCHES UNITONIQUES

MARCHES MODULANTES

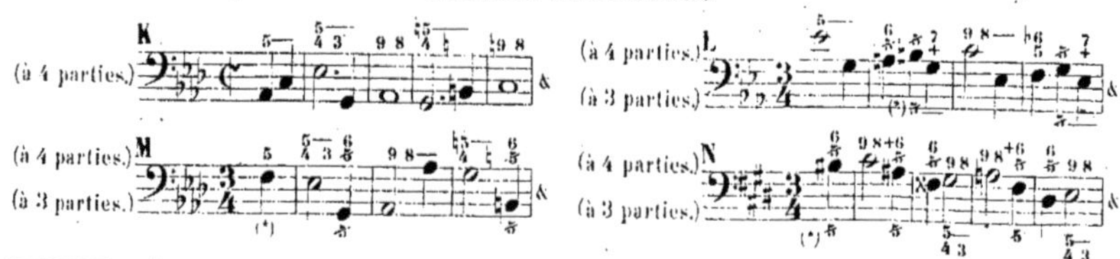

(*) Le *chiffrage inférieur* convient à l'écriture à *trois parties*, dans ces trois dernières marches ainsi que dans la marche D.

EMPLOI de la NEUVIÈME RETARDANT l'OCTAVE
dans les accords de trois sons fondamentaux.

§ 958.—Le retard de l'octave par la neuvième peut se pratiquer sur *tous les degrés du mode majeur;* mais il ne se fait, sur le 7ᵐᵉ *degré,* que dans les *marches unitoniques,* et très rarement encore. (Voir la marche B qui précède.)

§ 959.—En *mineur,* il ne s'emploie *jamais sur la note sensible;* et ne peut se pratiquer, sur le 6ᵐᵉ *degré,* qu'en se servant de la *gamme mineure descendante* 2ᵈᵉ *forme.* (Voir la marche F qui précède.)

§ 960.—L'*octave* ne peut servir de préparation au *retard* d'une *autre octave,* parce qu'il en résulterait *deux octaves consécutives,* la 2ᵐᵉ étant *seulement retardée.* (§ 902)

En conséquence, *aucune note de basse* précédée de *son degré supérieur* ne peut porter la neuvième retardant l'octave.

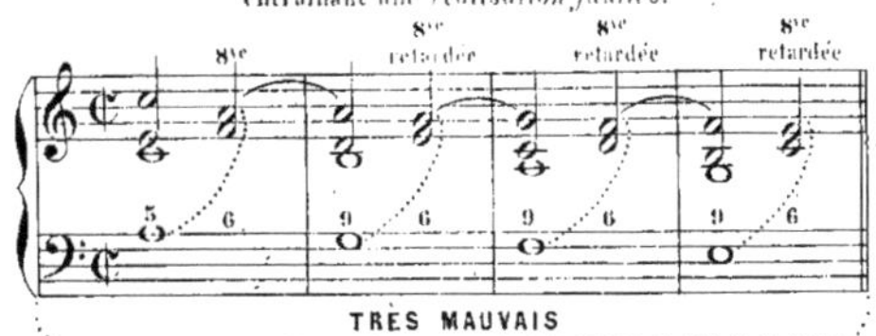

LEÇONS A QUATRE PARTIES
pour l'EMPLOI du RETARD de l'OCTAVE par la NEUVIÈME
dans les *accords de trois sons fondamentaux*
en
RÉSOLUTION NATURELLE.

BASSE DONNÉE

Nᵒ 259.

CHANT DONNÉ

Nᵒ 260.

AUTRES EXERCICES

Achever et réaliser les *marches d'harmonie* suivantes.

RETARD de l'OCTAVE par la NEUVIÈME

dans les *accords de trois sons fondamentaux*

RÉSOLUTIONS EXCEPTIONNELLES

N° 261.

MARCHES UNITONIQUES

à 3 et à 4 parties.

MARCHES MODULANTES

BASSES DONNÉES

pour l'EMPLOI du RETARD de l'OCTAVE par la NEUVIÈME

dans les *accords* de *trois sons fondamentaux.*

RÉSOLUTIONS EXCEPTIONNELLES.

(à 3 et à 4 parties.)

N° 262. Moderato.

(à 4 parties.)

N° 263. Moderato.

RENVERSEMENTS des ACCORDS de TROIS SONS
avec retard de la fondamentale doublée.

NOTA.— Ces renversements ne sont point admis dans le *style d'école* dit *rigoureux.*

Cependant, nous ne voyons pas qu'il y ait aucun inconvénient à les employer, pourvu qu'on les dispose comme nous l'indiquons ci-après, et qu'on ne leur donne pas une trop longue durée.

PREMIER RENVERSEMENT

RETARD de la SIXTE DOUBLÉE dans l'ACCORD de SIXTE

Ce retard se chiffre par $\frac{7}{6}$ ou mieux $\frac{7}{3}$ avec sa résolution naturelle: $\frac{7}{3}\frac{6}{6}$

DISPOSITION du RETARD de la SIXTE DOUBLÉE dans l'ACCORD de SIXTE

§ 961.— La septième (retard de la sixte doublée) doit être placée à distance de neuvième, au moins, au dessus de la sixte (note réelle.) *Celle-ci* doit être *précédée de son degré inférieur,* de manière à opposer un *mouvement ascendant de seconde* au *mouvement descendant du retard,* qui a lieu presque aussitôt.

Il est bon, en outre, que la *tierce* soit interposée *entre les deux notes* formant *neuvième,* afin d'éviter leur *contact immédiat* qui, s'il se prolongeait, produirait un effet peu harmonieux.

Il résulte de tout ce qui précède:

1°— Que le *retard de la sixte doublée* doit occuper la *partie supérieure,* si l'on n'a que 3 ou 4 parties.

2°— Qu'il n'est praticable à 3 parties, qu'en *valeur brève,* à cause de la *suppression forcée* de la *tierce.*

3°— Que ce n'est qu'avec 5 *parties* ou plus *qu'on peut* le placer à la 2me *partie.*

MARCHES D'HARMONIE
à *réaliser* à quatre parties.

N° 264.

EMPLOI du RETARD de la SIXTE DOUBLÉE
dans l'accord de sixte.

§ 962.—Ce retard s'emploie, principalement, dans l'accord de *sixte* du *3me degré*; lequel doit être précédé:
ou de la *dominante* portant *accord parfait*;

ou mieux encore, du *4me degré* portant
l'un des accords de *triton*, et surtout
de celuï avec *tierce mineure*.

Rien ne s'oppose, d'ailleurs,
à l'emploi de ce retard sur d'autres degrés portant l'*accord de
sixte*, lorsque ces degrés sont *pré-
cédés*, à la basse, de leur *tierce
supérieure* portant *accord parfait*.

LEÇONS A QUATRE PARTIES
RETARD de la SIXTE DOUBLÉE
dans l'accord de *sixte* du *3me degré*.

SECOND RENVERSEMENT
RETARD de la QUARTE DOUBLÉE
dans l'accord de quarte et sixte.

Ce retard se chiffre par $\frac{5}{4}$ avec sa résolution naturelle $\frac{6}{4}\frac{4}{\ }$

DISPOSITION du RETARD de la QUARTE DOUBLÉE
dans l'accord de quarte et sixte.

§ 963.—La *quinte* (retard de la quarte doublée) doit être placée à distance de *neuvième,* au moins, au dessus de la *quarte* (note réelle). *Celle-ci* doit être *précédée de son degré inférieur,* de manière à opposer *un mouvement ascendant de seconde* au *mouvement descendant du retard* qui a lieu presque aussitôt.

Il est bon, en outre, d'*interposer la sixte* entre la quarte et la quinte, afin d'*adoucir la disso-nance* que forment ces deux notes.

Ce retard est *impraticable* à *3* parties. Si l'on en a *4*, il doit occuper la *partie supérieure.*—A *5 parties* et plus, on peut, selon le degré, *doubler la basse* ou la sixte; le *retard de la quarte dou-blée* peut se mettre alors à la *2me partie.*

EMPLOI du RETARD de la QUARTE DOUBLÉE
dans l'accord de quarte et sixte.

§ 964.—Ce retard n'est guère praticable que sur une *tenue de la tonique* ou de la *dominante.* Il doit être *précédé de l'accord parfait du même degré* ou de l'accord de *septième de dominante.*

(Voir les exemples ci-dessus qui sont applicables au *mode mineur.*)

LEÇON A QUATRE PARTIES
RETARD de la QUARTE DOUBLÉE
dans l'accord de *quarte et sixte.*

RETARD de l'OCTAVE par la NEUVIÈME
dans les accords de sixte (*)

§ 965.—Ce retard produit, momentanément, un accord de *tierce, sixte et neuvième*.

On le chiffre par $\frac{9}{6}$ (avec sa résolution naturelle $\frac{9\ 8}{6}$).

RETARD de l'OCTAVE par la NEUVIÈME
dans les accords de quarte et sixte (**)

§ 966.—Ce retard produit, momentanément, un accord de *quarte, sixte et neuvième*.

On le chiffre par $\frac{9}{6}{4}$ (avec sa résolution naturelle $\frac{9\ 8}{6}{4}$).

§ 967.—*NOTA.*—Il est *extrêmement rare* qu'on puisse appliquer à l'accord de *quarte augmentée et sixte* la *neuvième* retardant l'octave ou *basse doublée*, puisque ce redoublement ne doit pas avoir lieu. (§§ 197 et 198)

Pourtant, il n'est pas impossible de pratiquer ce retard dans l'accord de *quarte augmentée et sixte* du 6me *degré* (mode mineur) si l'on a le soin de *changer la note de basse* au moment où le retard se résout.

RÉALISATION
des accords de sixte et de quarte et sixte
avec retard de l'octave par la neuvième.

§ 968.—Il n'y a pas lieu de *doubler* ni de *supprimer* aucune note de ces accords, *pendant la durée du retard*, dans l'écriture à 4 parties. (Voir tous les exemples précédents.)

Avec *3 parties* seulement, la note à *supprimer* serait:

1^u—La *tierce* de l'accord de *sixte*;

2^u—La *quarte* de l'accord de *quarte et sixte*.

(*) C'est le *retard de la tierce doublée* à l'état de 1er renversement. Ce retard n'est pas admis *dans les écoles* à l'état fondamental ou de 2^d renversement. (Voir au complément

(**) C'est le *retard de la quinte doublée* à l'état de 2^d renversement. Ce retard n'est pas admis *dans les écoles* à l'état fondamental ou de 1er renversement. (Voir au complément

Si l'on avait 5 ou 6 parties, les *bonnes notes à doubler* seraient:

1°—Dans les *accords de sixte:* la *tierce* ou la *sixte,* selon le degré occupé par ces notes dans la gamme.

2°—Dans les accords de *quarte et sixte:* la *quarte* pour avoir 5 parties, la *quarte et la sixte* pour en obtenir 6.

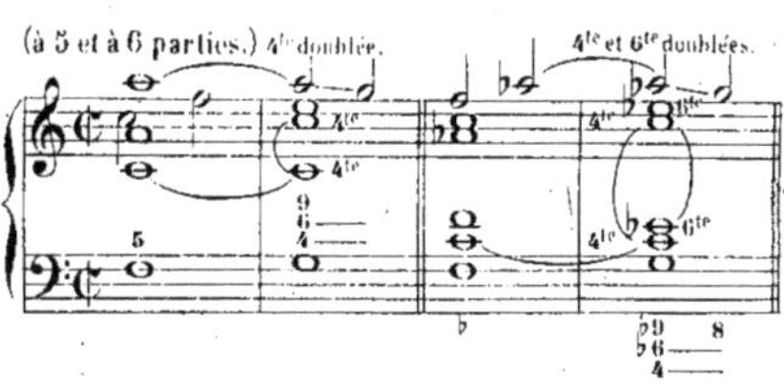

§ 969.—La *neuvième retardant l'octave* dans les accords de *sixte* ou de *quarte et sixte,* doit être placée, le plus souvent, à la *partie supérieure.* (Voir les exemples précédents.)

Ce *retard,* néanmoins, appliqué à l'accord de *sixte,* peut occuper, parfois, l'une des parties intermédiaires; mais seulement lorsqu'il forme *neuvième majeure* avec la basse.

§ 970.—Si l'une *des parties du milieu* avait la *mélodie prédominante,* on pourrait y placer également *la neuvième retardant l'octave* dans l'accord de *quarte et sixte.*

§ 971.—Quand le *retard de l'octave* d'un *accord de sixte* est placé à la *partie supérieure,* il entraîne, par sa résolution, le *redoublement* de la *basse* à cette partie.

Ce *redoublement* est *permis* en pareil cas. Il arrive, d'ailleurs, au *temps faible,* après l'attaque de la basse; et se trouve, dès lors, dans les conditions prévues par le § 231.

LEÇONS A QUATRE PARTIES.
RETARD de l'OCTAVE par la NEUVIÈME
dans les *accords de sixte.*

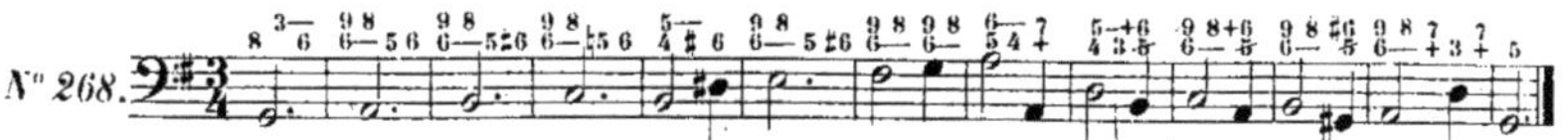

RETARD de l'OCTAVE par la NEUVIÈME
dans les accords de *sixte* et de *quarte et sixte.*

EMPLOI du RETARD de l'OCTAVE par la NEUVIÈME
dans les accords de sixte et de quarte et sixte.

§ 972.—Le *retard de l'octave par la neuvième* peut se pratiquer dans *un accord de sixte quel-conque*, excepté dans celui du 7me degré (note sensible) de l'un et l'autre mode. (Voir les exemples et les exercices qui ont précédé.)

Il s'emploie plus particulière-ment, dans les deux modes, sur le *2me* degré et *surtout sur le 4me* précé-dant la dominante dans les *formules de cadences.*

§ 973.—L'accord de *quarte et sixte* du *5me* degré, employé dans les *formules de cadences*, est celui sur lequel on pratique le plus souvent le *retard de l'octave par la neuvième.*

Mais ce retard peut se faire aussi sur *tout autre degré* portant *quarte et sixte* (sauf le 4me degré avec *quarte augmentée*) pourvu qu'on puisse le préparer et le résoudre régulièrement.

La règle énoncée au **§ 956** est applicable au *retard de l'octave* dans les *accords de sixte et de quarte et sixte.*

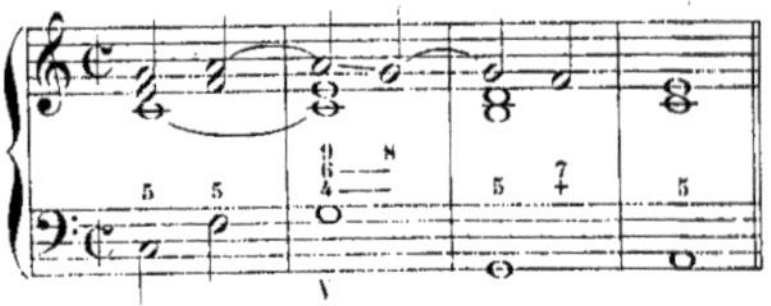

LEÇONS A QUATRE PARTIES.
RETARD de l'OCTAVE par la NEUVIÈME
dans les accords de *sixte* et de *quarte et sixte.*

BASSE DONNÉE.

CHAPITRE VII

DES RETARDS SIMULTANÉS.

§ 974.—On a vu, par ce qui précède, qu'on peut *retarder* dans un *même accord*, tantôt *une note*, tantôt *une autre*.

Ainsi, dans un *accord fondamental*, on *retarde* parfois *la tierce*, parfois *l'octave;* dans un accord de *quarte et sixte*, on *retarde* ou *la quarte* ou *la sixte* ou *l'octave*, etc...

Parmi ces *retards*, que l'on peut faire ainsi, *isolément*, il en est qui peuvent être faits *simultanément*.

§ 975.—*Deux retards* ayant une *résolution uniforme*, comme *deux retards supérieurs* ou *deux retards inférieurs*, ne doivent s'employer *simultanément*, que s'ils sont à la *tierce* ou à la *sixte* l'un de l'autre. (Il est bien entendu que ces *intervalles* peuvent être *redoublés*.)

§ 976.—Si l'un de ces *retards* était *ascendant* et l'autre *descendant*, leurs rapports de distance pourraient être tout différents.

§ 977.—Le *retard de l'octave par la neuvième* est celui qui, dans les accords de trois sons, est *associé* le plus souvent à *d'autres retards*.

En effet, les *retards simultanés* les plus usités dans ces accords sont:

1°.—A l'état *fondamental*, le *retard de la tierce par la quarte* et celui de l'*octave par la neuvième;* (ce double retard s'accompagne d'*une quinte* et se chiffre par $\frac{9}{4}$ ou $\frac{9}{4}$ avec sa résolution naturelle: $\frac{9}{4}\frac{8}{3}$ ou $\frac{9}{4}\frac{8}{3}$)

2°.—A l'état de *1er renverse-ment*, le retard de la sixte par la septième et *celui de l'octave par la neuvième* (Ce double retard s'accompagne *d'une tierce* et se chiffre par $\frac{9}{7}$ avec sa résolution naturelle: $\frac{9}{7}\frac{8}{6}$)

3°.—A l'état de *2me renversement*, le retard de la sixte par la septième et, toujours, *celui de l'octave par la neuvième*. (Ce double retard s'accompagne *d'une quarte* et se chiffre par $\frac{9}{4}$ avec sa résolution naturelle: $\frac{9}{4}\frac{8}{6}$)

§ 978.—On peut encore *retarder simultanément*:
1°.—Dans les accords de *trois sons fondamentaux*,
la *tierce par la quarte* et la *quinte par la sixte*.

2°.—Dans les *seconds renversements* des accords de *trois sons*,
la *quarte par la quinte* et la *sixte par la septième*.

OBSERVATIONS

§ 979.—Excepté sur le 7me degré du mode mineur les *retards simultanés* formant *quarte et sixte* et retardant *tierce et quinte* ne fournissent pas d'autres *agrégations* que celles des *2ds renversements d'accords consonants;* ils se chiffrent de la même manière.

Ne produisant *aucune dissonance* ils sont *peu caractérisés*.

Néanmoins, dans certaines *marches d'harmonie*, ces *retards consonants*, répondant à des *retards dissonants*, prennent réellement le *caractère suspensif*. (§ 880.)

MARCHE D'HARMONIE avec DOUBLES-RETARDS
dans les accords parfaits.

Ils s'emploient, dans ces marches, principalement sur le *5me degré*, sur le *1er* et sur le *3me*

§ 980.—Dans l'accord de *quinte diminuée* du *7me degré* des deux modes, on peut *retarder* à la fois la *tierce* par la *quarte* et la *quinte* par la *sixte*; mais à 3 parties seulement.

RETARDS SIMULTANÉS de la 3^{ce} et de la 5te
dans l'accord de quinte diminuée du 7me degré.

Ce *double retard* est, par lui-même, *plus caractérisé* sur ce degré que sur aucun autre, parce que, de tous les degrés de la gamme, le 7me est celui auquel convient le moins l'accord de quarte et sixte.

En *mineur* surtout, la *quarte* du 7me degré, étant *diminuée* et formant *dissonance*, a bien le *caractère du retard*.

§ 981.—Le *double retard* de la *quarte par la quinte* et de la *sixte par la septième* ne s'emploie, dans les *2^{ds} renversements d'accords parfaits*, que sur la *dominante* de l'un et l'autre mode, dans les *formules de cadences*. (Voir le 2^d exemple du § 978.)

NOTA.—Ce *double retard* produit la *même agrégation* que l'accord de *septième de dominante* privé de sa *tierce*; il se *chiffre* aussi de la même manière. La seule chose qui le *caractérise* comme *retard*, c'est la *préparation* de la quinte et de la septième.

RETARDS SIMULTANÉS de la 4te et de la 6te
dans les accords de quarte augmentée et sixte.

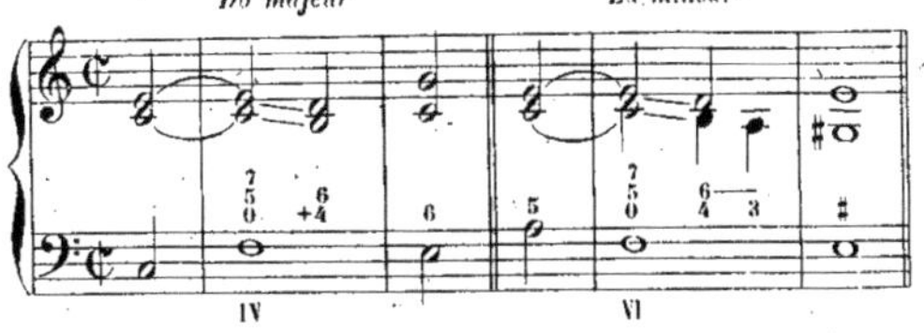

§ 982.—Le *double retard* de la *quarte* et de la *sixte* par la *quinte* et par la *septième* n'est praticable, dans les accords de *quarte augmentée et sixte*, qu'à 3 parties seulement.

§ 983.—La *résolution* de tous ces *doubles retards* est, généralement *simultanée*; mais on peut les *résoudre successivement*.

RÉSOLUTIONS SUCCESSIVES des RETARDS SIMULTANÉS

EXERCICES

Réaliser les marches suivantes.

RETARDS SIMULTANÉS

dans les accords de *trois sons fondamentaux.*

(A 4 PARTIES)

Nº 272.

RETARDS SIMULTANÉS

dans les accords de *sixte* et de *quarte et sixte.*

(A 4 PARTIES)

RETARDS SIMULTANÉS de la *TIERCE* et de la *QUINTE*
dans l'accord de *quinte diminuée* du 7me degré.

(A 3 PARTIES)

RETARDS SIMULTANÉS

dans l'accord de *quarte augmentée et sixte* du 4me degré.

(A 3 PARTIES)

RETARDS SIMULTANÉS

dans l'accord de *quarte augmentée et sixte* du 6me degré mineur.

(A 3 PARTIES)

Chiffrer les basses suivantes et les réaliser à quatre parties.

EMPLOI des DOUBLES-RETARDS

dans les accords de *trois sons fondamentaux* ou dans leur *1er renversement.*

en

RÉSOLUTION NATURELLE.

N° 273.

EMPLOI des DOUBLES-RETARDS

dans le *1er* et le *2d* renversement des accords de *trois sons,*

en

RÉSOLUTION NATURELLE.

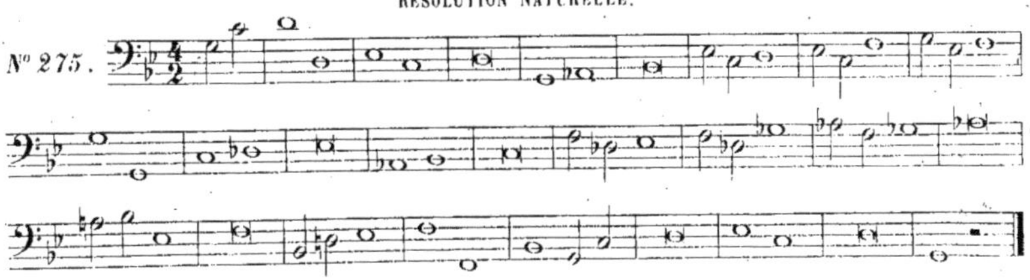

N° 275.

RETARDS SIMULTANÉS

à

RÉSOLUTIONS SUCCESSIVES.

Réaliser cette marche à quatre parties.

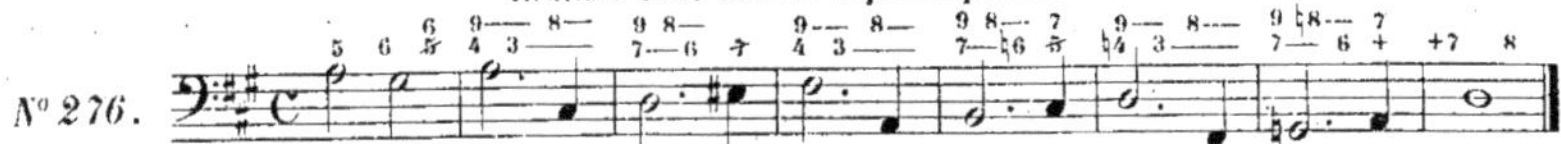

N° 276.

EMPLOI des RETARDS SIMULTANÉS

à

RÉSOLUTIONS SUCCESSIVES.

Chiffrer cette basse et la réaliser à quatre parties.

N° 277.

TETARDS SIMULTANÉS de la TIERCE et de l'OCTAVE
dans les accords de *trois sons fondamentaux,*
en
RÉSOLUTION EXCEPTIONNELLE (§ 899)
Réaliser ces marches à quatre parties.

N° 278.

Chiffrer cette basse et la réaliser à quatre parties.

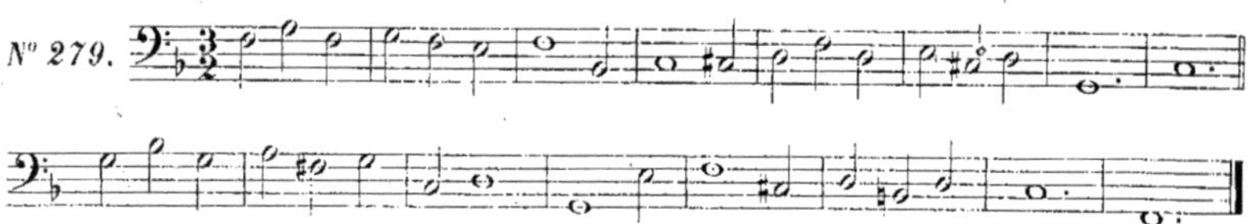

N° 279.

RETARDS SIMULTANÉS de la SIXTE et de l'OCTAVE
dans les accords de *sixte,*
en
RÉSOLUTION EXCEPTIONNELLE (§ 899)
Réaliser ces marches à quatre parties.

N° 280.

Chiffrer cette basse et la réaliser à quatre parties.

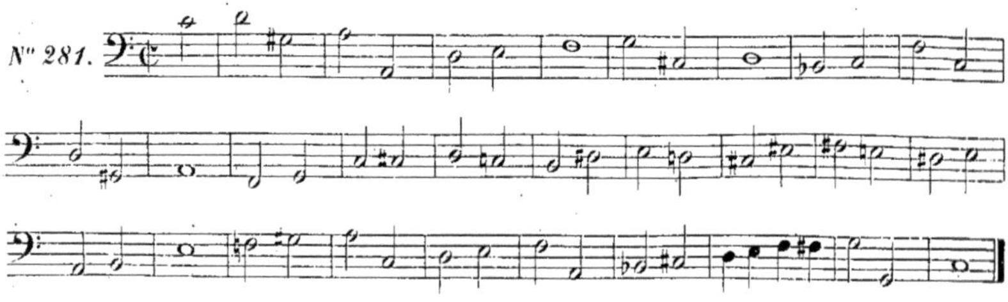

N° 281.

CHAPITRE VIII

DES RETARDS SIMPLES
qu'on peut pratiquer dans l'accord de septième de dominante et ses renversements.

Ce sont:

1° – Le *retard de la fondamentale* par son degré supérieur.
2° – Le *retard de la tierce* de la fondamentale par la *quarte*.
3° – Le *retard de la quinte* de la fondamentale par la *sixte*.
4° – Le *retard de l'octave* de la fondamentale par la *neuvième*.

CHAPITRE IX

RETARD SUPÉRIEUR de la FONDAMENTALE
dans l'accord de septième de dominante et ses renversements.

§ 984. —Ce retard ne fournit pas *d'autres agrégations* que celles de l'accord de *septième de sensible* de l'un ou l'autre mode, à l'état fondamental ou renversé, avec *préparation* et *résolution anticipée* de la septième. (§§ 677 et 678.) Le *chiffrage* est *le même pour les agrégations semblables,*quel que soit leur mode d'emploi.

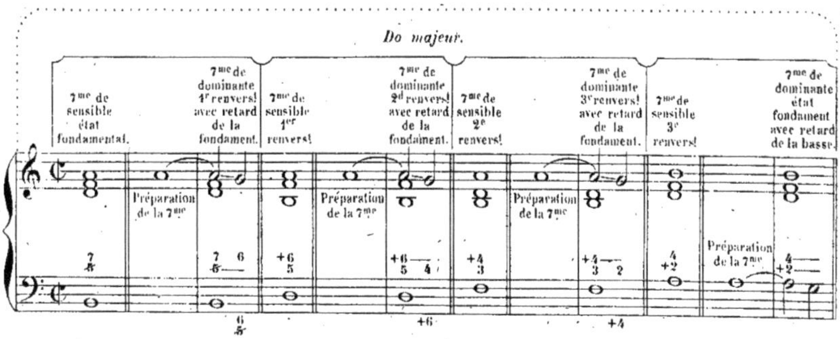

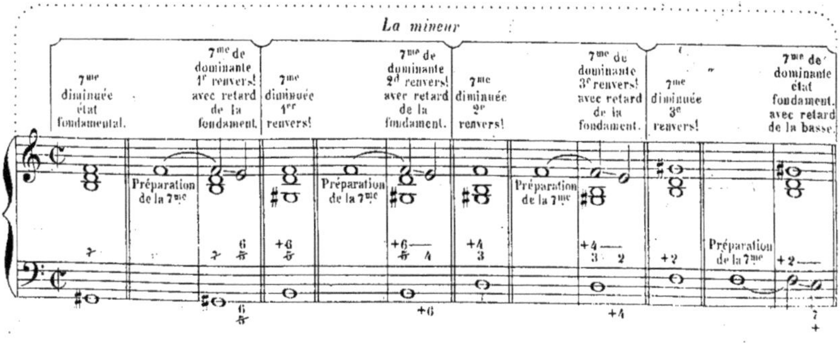

§ 985.—La *différence* qui existe entre l'accord de *septième de dominante* avec *retard de la fondamentale* et les accords de *septième de sensible* employés comme *accords dissonants naturels;* c'est que *ceux-ci* (à l'exception du *3me* renversement,*en majeur*[(*)]) peuvent être faits *sans aucune préparation,* sur le *temps faible* comme sur le *temps fort,* et qu'on peut les *résoudre* directement sur l'accord de *tonique fondamental* ou *renversé;* mais, que *l'absence de préparation* oblige à *disposer en septième* les *deux notes* qui forment *dissonance* dans le *1er* et le *2me* renversement de la *septième de sensible du mode majeur;* (§§ 683 et 690.)

§ 986.—Tandis que *ces mêmes agrégations,* lorsqu'elles résultent du *retard de la fondamentale* dans l'accord de *septième de dominante* et *ses renversements, ne peuvent se faire sans préparation* de la septième, qu'elles doivent occuper le *temps fort,* et n'aboutir à *l'accord de tonique,* ou à tout autre accord, qu'après la *résolution* du retard sur la *septième de dominante même,* à l'état fondamental ou renversé.

Mais, alors, la *préparation forcée de la septième* permet de disposer en *seconde,* simple ou redoublée, les *deux notes* qui, dans le *1er* cas, devaient être à distance de septième.

[(*)] Ce *3me* renversement ne s'emploie, le plus souvent, que comme retard de la fondamentale dans l'accord de septième de dominante. (§ 705)

CHAPITRE X

RETARD de l'OCTAVE de la FONDAMENTALE par la NEUVIÈME
dans l'accord de septième de dominante et ses renversements.

§ 987.—Ce *retard* ne fournit pas d'*autres agrégations* que *celles de l'accord de neuvième de dominante*, de l'un ou l'autre mode, à l'état fondamental ou renversé, avec *préparation* et *résolution anticipée* de la neuvième. (§§ 742 et 745.)

Le *chiffrage* est le *même* pour les *agrégations semblables*, quel que soit leur mode d'emploi.

§ 988.—La *différence* qui existe, entre l'accord de *septième de dominante* avec *retard de l'octave* et les accords de *neuvième de dominante* employés comme *accords dissonants naturels*, est la même que celle existant entre le *retard de la fondamentale* de ce *1er accord* et les *septièmes de sensible* des deux modes: elle consiste dans la nécessité de placer le *retard* au *temps fort*, après l'avoir *préparé*, et dans l'obligation de *résoudre la neuvième sur l'octave de l'accord de septième de dominante*, avant de passer à un autre accord.

Ces exigences n'existent pas avec l'accord de *neuvième de dominante*, puisqu'on peut l'*attaquer* au *temps faible, sans préparation*, et le résoudre, *directement*, sur l'*accord de tonique*.

§ 989.—D'autre part, la *préparation forcée de la neuvième* employée comme *retard*, permét de la placer *au dessous de la sensible* à distance de *seconde*, quel que soit le mode, alors que, dans l'accord de *neuvième majeure* de dominante, l'*absence de préparation* oblige à disposer ces deux notes *en septième*.

ACCORD de NEUVIÈME MAJEURE de DOMINANTE FONDAMENTAL ou RENVERSÉ,
employé *sans préparation*, sur le *temps faible*, et se *résolvant directement* sur l'*accord de tonique*.

RETARD de l'OCTAVE par la NEUVIÈME
dans l'accord de *septième de dominante* et ses *renversements*.

(En *bémolisant le mi* et *le la* des exemples ci-dessus on obtiendra le *mode mineur*.)

§ 990.—Les *retards* dont il vient d'être question, lesquels, grâce à leur *préparation*, peuvent être placés à *une seconde au dessous de la note sensible*, font toujours mieux, cependant, lorsqu'ils sont à *la septième au dessus de cette note*.

Ces *retards* ne fournissant *aucune agrégation spéciale*, leur application ne donnant lieu à d'autre *règle particulière* que celle des §§ 985 à 988, nous ne croyons pas qu'il soit utile de faire des *exercices spéciaux* pour leur emploi.

CHAPITRE XI

RETARD de la TIERCE par la QUARTE dans l'accord de septième de dominante et ses renversements.

§ 991.—Le *retard de la tierce par la quarte,* dans l'accord de *septième de dominante,* produit, momentanément, les *accords artificiels* suivants:

1°— à l'ÉTAT FONDAMENTAL:

Un ACCORD de QUARTE JUSTE, QUINTE JUSTE et SEPTIÈME MINEURE

ou

RETARD de la TIERCE

dans l'accord de septième de dominante fondamental.

On chiffre cet accord par $\begin{smallmatrix}7\\5\\4\end{smallmatrix}$ (avec sa résolution naturelle: $\begin{smallmatrix}7 & -\\5 & -\\4 & +\end{smallmatrix}$)

ACCORD de SEPTIÈME de DOMINANTE.

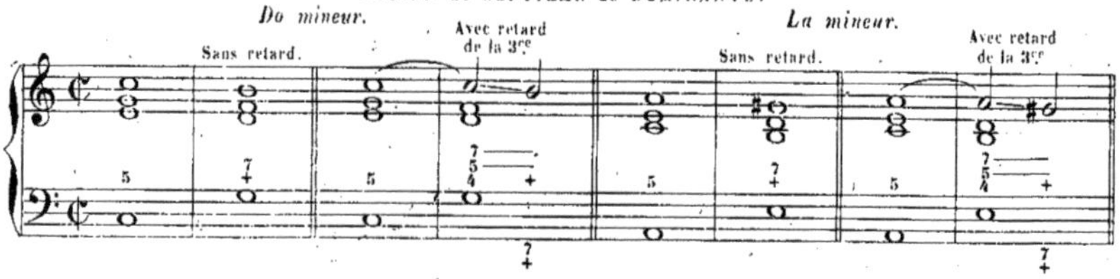

2°— à l'ÉTAT de PREMIER RENVERSEMENT:

Un ACCORD de SECONDE MAJEURE, QUARTE JUSTE et QUINTE JUSTE

ou

RETARD de la BASSE

dans l'accord de quinte diminuée et sixte.

On chiffre cet accord par $\begin{smallmatrix}5\\4\\2\end{smallmatrix}$ (avec sa résolution naturelle: $\begin{smallmatrix}5 & -\\4 & -\\2 & -\end{smallmatrix}$)

ACCORD de QUINTE DIMINUÉE et SIXTE.

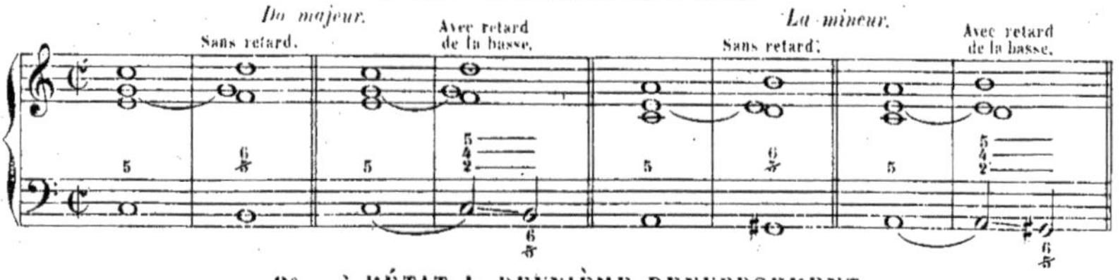

3°— à l'ÉTAT de DEUXIÈME RENVERSEMENT:

Un ACCORD de TIERCE MINEURE, QUARTE JUSTE et SEPTIÈME MINEURE

ou

RETARD de la SIXTE

dans l'accord de sixte sensible.

On chiffre cet accord par $\begin{smallmatrix}7\\4\\3\end{smallmatrix}$ (avec sa résolution naturelle: $\begin{smallmatrix}7 & +6\\4 & -\\3 & -\end{smallmatrix}$ ou $\begin{smallmatrix}7\\4\\3\end{smallmatrix}$ +6)

ACCORD de SIXTE SENSIBLE.

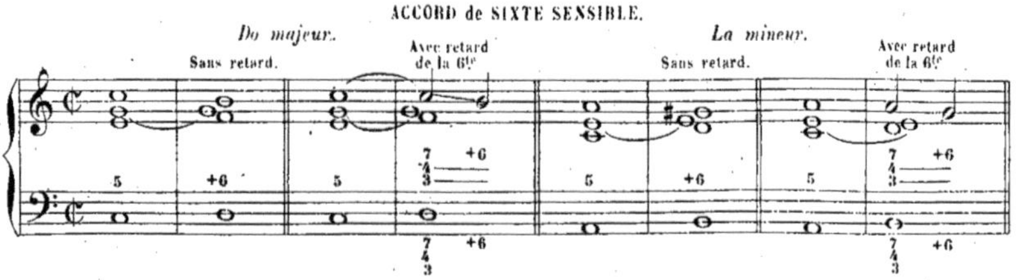

4° — à l'ÉTAT de TROISIÈME RENVERSEMENT:

Un ACCORD de SECONDE MAJEURE, QUINTE JUSTE et SIXTE MAJEURE

ou

RETARD de la QUARTE AUGMENTÉE
dans l'accord de triton.

On chiffre cet accord par $\frac{6}{5}_2$ (avec sa résolution naturelle: $\frac{6}{5}_2$ +4 ou $\frac{6}{5}_2$ +4)

ACCORD DE TRITON

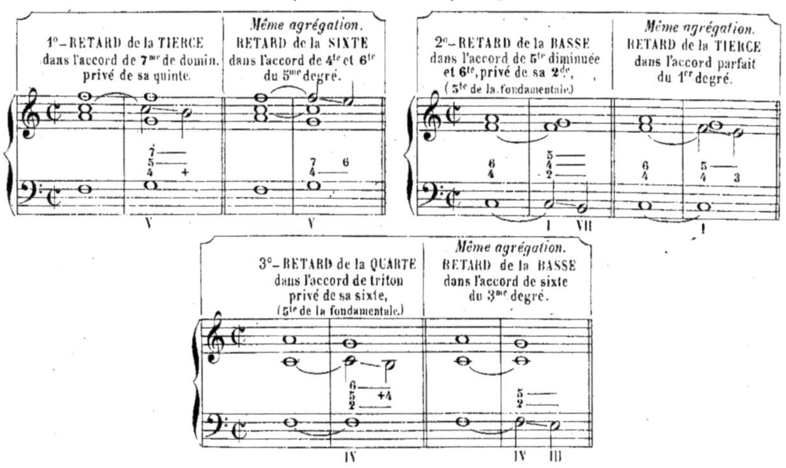

RÉALISATION
de l'accord de septième de dominante fondamental ou renversé
avec retard de la tierce de la fondamentale par son degré supérieur.

SUPPRESSION et REDOUBLEMENT de NOTES

§ 992.—En général, il ne faut *rien supprimer* de ces accords, dans l'écriture à *4 parties;* et dès lors, il n'y a pas lieu d'en doubler aucune note.

En effet, la *seule note* qu'on pourrait, à la grande rigueur, *retrancher* de ces accords(excepté dans le 2me renversement où c'est impraticable) ce serait la *quinte de la fondamentale.*

Mais *cette note* est, précisément, *celle qui,* formant avec *le retard* une *seconde supérieure* ou une *septième inférieure,* le rend *dissonant* et en fait *désirer la résolution.* (§§ 877 et 892.)

D'ailleurs, *sans cette note,* la *nature du retard* peut devenir *incertaine* dans plusieurs cas, puisque *les notes qui resteraient* pourraient se *prêter* aux *diverses interprétations* suivantes:

A.L.6501.

§ 993.—Si, malgré les inconvénients qu'elle présente, la *suppression de la quinte* était *inévitable*. (Ce qui n'arrive guère, à 4 parties, que dans l'accord non-renversé) il faudrait *doubler la fondamentale*. (Voir le *1er* des exemples qui précèdent.)

§ 994.—A *3 parties*, la *suppression forcée de la quinte* dans l'accord de *septième de dominante* avec *retard de la tierce*, rend cet accord *si peu satisfaisant*, qu' on lui préfère, généralement, le *retard de la tierce* dans l'accord parfait du *5me degré*, ou le *retard de la fondamentale* dans l'accord de *quinte diminuée du 7me*, selon le cas.

§ 995.—Avec *5 parties et plus*, les *bonnes notes à doubler* sont:

1°— La *fondamentale;*   2°— La *quinte de la fondamentale.*

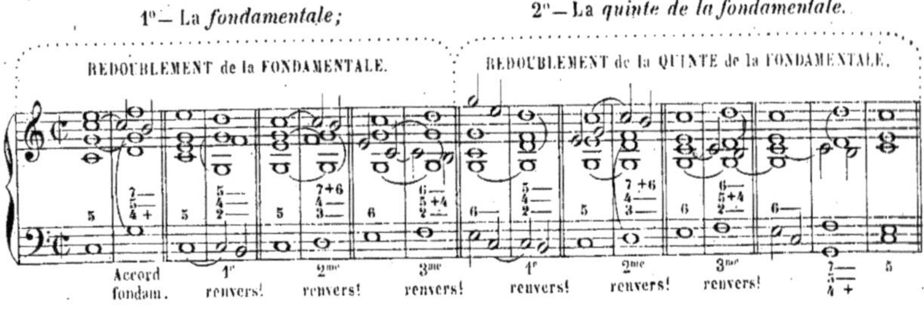

DISPOSITION de l'ACCORD de SEPTIÈME de DOMINANTE
fondamental ou renversé avec retard de la tierce.

§ 996.—Voici, classées par ordre de préférence, les *notes* qu'on peut placer à la *partie supérieure;* si, déjà, elles ne le sont point à la *basse.*

Ce sont: 1°— Le *retard;* 2°— la *quinte* de la fondamentale (formant seconde au dessus du retard;) 3°—la *septième* de la fondamentale (dissonance naturelle dans cet accord.)

On peut, à la rigueur, y placer aussi la *fondamentale elle-même; mais son effet est rarement bon à la 1re partie, à moins qu'elle n'y soit employée comme *pédale*, (longue tenue.)

FONCTIONS DIVERSES PLACÉES A LA PARTIE SUPÉRIEURE

EXERCICES

Réaliser les leçons suivantes avec le *nombre de parties* indiqué.

RETARD de la TIERCE de la FONDAMENTALE
dans l'accord de *septième de dominante* et ses *renversements*,
en
RÉSOLUTION NATURELLE.

N° 282.
(à 4 parties.)

(*Même leçon en-Do mineur.*)

MARCHES D'HARMONIE.
ACCORD FONDAMENTAL.

N° 283.
à 4 et à 5
parties.

PREMIER RENVERSEMENT.

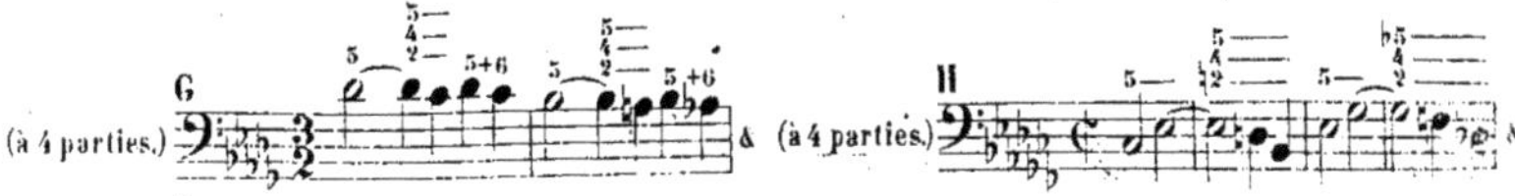

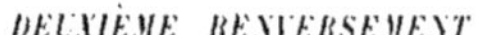

EMPLOI du RETARD de la TIERCE par la QUARTE
dans l'accord de septième de dominante et ses renversements.

§ 997.—On peut toujours pratiquer *ce retard* dans un accord de *septième de dominante* fondamental ou renversé, pourvu que l'accord précédent permette de le *préparer*, et qu'on puisse le *résoudre régulièrement* soit en *descendant d'un demi-ton diatonique* (résolution naturelle,) soit en descendant d'un *demi-ton diatonique* ou *chromatique* ou bien *d'un ton* (résolutions exceptionnelles.)

ÉTAT FONDAMENTAL
RETARD de la TIERCE dans l'accord de SEPTIÈME de DOMINANTE.

PREMIER RENVERSEMENT
RETARD de la BASSE dans l'accord de QUINTE DIMINUÉE et SIXTE.

DEUXIÈME RENVERSEMENT
RETARD de la SIXTE dans l'accord de SIXTE SENSIBLE.

TROISIÈME RENVERSEMENT
RETARD de la QUARTE AUGMENTÉE dans l'accord de TRITON.

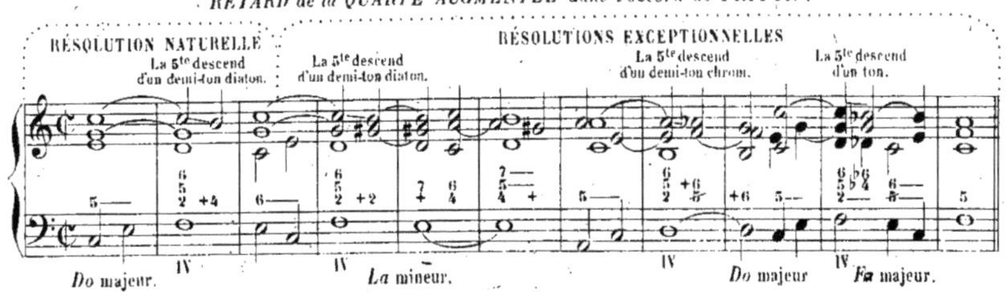

CADENCES

§ 998. — On pratique, fréquemment, dans les *cadences parfaite, rompue et évitée*, le *retard de la tierce par la quarte* dans l'accord de *septième de dominante fondamental*, employé comme avant-dernier accord de ces cadences.

Ce *retard* est usité aussi, à l'état de *renversement* dans les *cadences imparfaites* et les *cadences évitées*.

EXERCICES
Trouver l'harmonie des leçons suivantes et les réaliser à quatre parties.

EMPLOI du RETARD de la TIERCE de la FONDAMENTALE
dans l'accord de *septième de dominante* et ses *renversements*, en
RÉSOLUTION NATURELLE.
BASSES DONNÉES

CHANT DONNÉ

AUTRES EXERCICES

Réaliser les *marches* suivantes à quatre parties.

RETARD de la TIERCE de la FONDAMENTALE

dans l'accord de *septième de dominante* et ses *renversements*,

en

RÉSOLUTION EXCEPTIONNELLE.

ACCORD FONDAMENTAL.

PREMIER RENVERSEMENT.   DEUXIÈME RENVERSEMENT.

TROISIÈME RENVERSEMENT.

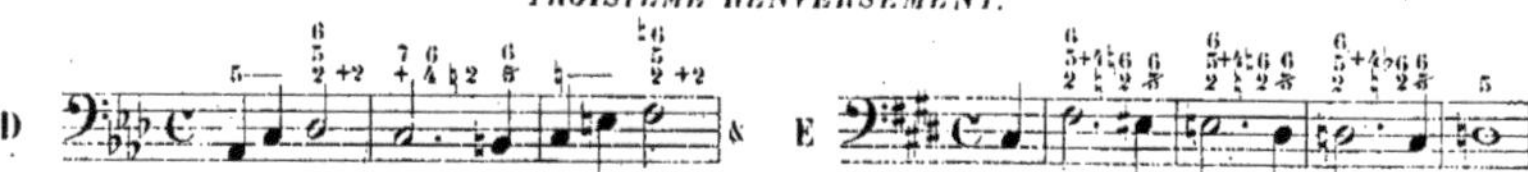

BASSE DONNÉE

pour l'EMPLOI du RETARD de la TIERCE de la FONDAMENTALE

dans l'accord de *septième de dominante* et ses *renversements*,

en

RÉSOLUTION EXCEPTIONNELLE.

(*Chiffrer* et *réaliser* à quatre parties.)

CHAPITRE XII

RETARD de la QUINTE par la SIXTE
dans l'accord de septième de dominante et ses renversements.

§ **999.** —Le *retard de la quinte* par la *sixte*, dans l'accord de *septième de dominante*, produit, momentanément, les *accords artificiels* suivants:

1° — à l'ÉTAT FONDAMENTAL:

Un ACCORD de TIERCE MAJEURE, SEPTIÈME-MINEURE et SIXTE MAJEURE ou MINEURE selon le mode.

On l'appelle:

RETARD de la QUINTE dans l'accord de SEPTIÈME de DOMINANTE FONDAMENTAL.

On chiffre cet accord par $\frac{6}{7}$ (avec sa résolution naturelle $\frac{6\ 5}{7}$)

ACCORD de SEPTIÈME de DOMINANTE.

2° — à l'ÉTAT de PREMIER RENVERSEMENT:

Un ACCORD de QUINTE DIMINUÉE, SIXTE MINEURE et QUARTE JUSTE ou DIMINUÉE selon le mode.

On l'appelle:

RETARD de la TIERCE dans l'accord de QUINTE DIMINUÉE et SIXTE.

On chiffre cet accord par $\frac{4}{6}$ (avec sa résolution naturelle: $\frac{4\ 3}{6}$)

ACCORD de QUINTE DIMINUÉE et SIXTE.

3° — à l'ÉTAT de DEUXIÈME RENVERSEMENT:

Un ACCORD de SECONDE MINEURE, TIERCE MINEURE et QUINTE JUSTE pour le *mode majeur*;
de SECONDE MAJEURE, TIERCE MAJEURE et QUINTE AUGMENTÉE pour le *mode mineur*.

On l'appelle:

RETARD de la BASSE dans l'accord de SIXTE SENSIBLE.

On chiffre cet accord par $\overset{+5}{3}$ (avec sa résolution naturelle: $\overset{+5}{3}$)

ACCORD de SIXTE SENSIBLE.

4° — à l'ÉTAT de TROISIÈME RENVERSEMENT:

Un ACCORD de SECONDE MAJEURE, QUARTE AUGMENTÉE et SEPTIÈME MAJEURE ou MINEURE, selon le mode.

On l'appelle:

RETARD de la SIXTE dans l'accord de TRITON.

On chiffre cet accord par $+\frac{7}{4}$ (avec sa résolution naturelle: $+\frac{7}{4}\frac{6}{-}$)

ACCORD de TRITON.

SUPPRESSION et REDOUBLEMENT de NOTES

§ 1000. — On ne peut *rien retrancher* de ces accords; et, conséquemment, *ils exigent* au moins *4 parties*, puisqu'ils sont de *quatre sons*.

Ce n'est qu'à *5 parties et plus* qu'il y a lieu de faire le *redoublement* d'une note: cette *note redoublée* ne peut être que la *fondamentale*.

REDOUBLEMENT de la FONDAMENTALE.

(A CINQ PARTIES.)

(Même Exemple en mineur.)

DISPOSITION

§ 1001. — Le *retard*, est, de beaucoup, la *meilleure note* qu'on puisse mettre à la *partie supérieure*, si ce n'est dans le *2ᵐᵉ renversement* (rarement employé) où *cette note* se trouve à la *basse*.

Les *autres positions* sont peu usitées, comme étant *bien moins bonnes*.

Cependant, lorsque la *mélodie prédominante* se trouve à l'une des *parties intermédiaires*, on peut y placer le *retard*; mais à la condition expresse de ne pas *superposer à distance de seconde*: le *retard*, la *dissonance naturelle* et la *fondamentale*, à cause de l'*extrême dureté* qui résulterait du *choc de ces trois notes* ainsi rapprochées, et cela, *surtout en majeur*.

Voici *diverses dispositions* de ces accords qui, sans être aussi bonnes que celles des exemples donnés plus haut, sont pourtant *fort admissibles.*

RETARD de la QUINTE dans l'accord de SEPTIÈME de DOMINANTE.

RETARD de la TIERCE dans l'accord de QUINTE DIMINUÉE et SIXTE.

RETARD de la BASSE dans l'accord de SIXTE SENSIBLE.

RETARD de la SIXTE dans l'accord de TRITON.

EXERCICES

Réaliser les leçons suivantes à quatre parties.

RETARD de la QUINTE de la FONDAMENTALE

dans l'accord de *septième de dominante* et ses *renversements*

en

RÉSOLUTION NATURELLE.

N° 290.

MARCHES D'HARMONIE.

ACCORD FONDAMENTAL.

EMPLOI du RETARD de la QUINTE par la SIXTE
dans l'accord de septième de dominante et ses renversements.

§ **1002.**—On peut toujours pratiquer *ce retard* dans un accord de *septième de dominante* fondamental ou renversé, pourvu que l'accord précédent permette de le *préparer*, qu'on puisse le *disposer* selon les prescriptions des §§ 1000 et 1001, et qu'il puisse être *résolu* en *descendant d'un degré* (d'un *ton* en majeur, d'un *demi-ton* en mineur.)

§ **1003.**—On l'emploie assez fréquemment:

1°—à l'état fondamental,

dans la *cadence parfaite,*   la *cadence rompue*   et la *cadence évitée.*

2° — A l'état de *3me renversement*, dans la *cadence imparfaite* ou *suspendue*.

§ 1004. — Ce *retard* se faisant toujours au moyen du *3me degré descendant au 2me*, et occupant, généralement, la *partie supérieure*, il est facile de le distinguer lorsque le *chant est donné*.

En pareil cas, après avoir reconnu le *retard*, il ne reste plus qu'à déterminer l'*état* dans lequel doit être employé l'accord de *septième de dominante*.

On a le choix entre l'*accord fondamental*, le *1er* et le *3me renversement*.

LEÇONS

pour l'EMPLOI du RETARD de la QUINTE
dans l'accord de *septième de dominante* et ses *renversements*.

RÉSOLUTION NATURELLE.
CHANT DONNÉ à 4 PARTIES.

RÉSOLUTIONS EXCEPTIONNELLES
BASSE CHIFFRÉE à 4 PARTIES.

CHANT DONNÉ à 4 PARTIES.

CHAPITRE XIII

RETARDS SIMULTANÉS
praticables dans l'accord de septième de dominante
et ses renversements.

§ 1005.—On peut *retarder* à la fois, dans l'accord de *septième de dominante:*
1°— La *tierce par la quarte* et la *quinte par la sixte.*
2°— La *tierce par la quarte* et l'*octave par la neuvième.*

RETARDS SIMULTANÉS de la TIERCE et de la QUINTE
dans l'accord de septième de dominante et ses renversements.

§ 1006.—Dans ce *double retard,* le caractère *suspensif* de la *quarte* se trouve *fort affaibli* par l'absence forcée de la *quinte* qui, elle-même, est *retardée.* Aussi, est-il peu usité: on lui préfère ordinairement, l'*un* ou l'*autre* des retards simples dont il est composé.

Cependant, son emploi peut, quelquefois, avoir sa raison d'être.

DISPOSITION des RETARDS SIMULTANÉS de la TIERCE et de la QUINTE

§ 1007.—A l'état *fondamental,* l'un des deux *retards,* et surtout celui de la *quinte,* doit occuper la partie supérieure.

§ 1008.—A l'état de *1er* ou de *2me renversement,* l'un des *retards* se trouvant à la *basse,* la partie supérieure ne pourrait recevoir l'*autre retard,* parce qu'il en résulterait des *syncopes simultanées* aux *deux parties extrêmes.* Le *4me degré,* septième de la fondamentale, est la meilleure note qu'on puisse mettre, en pareil cas, à la 1re partie.

§ 1009.—A l'état de *3me renversement,* c'est la *sixte de la fondamentale retardant sa quinte,* (la septième retardant la sixte dans ce renversement) qu'on doit placer à la partie supérieure.

LEÇONS A QUATRE PARTIES.

RETARDS SIMULTANÉS de la TIERCE et de la QUINTE
dans l'accord de *septième de dominante.*

ÉTAT FONDAMENTAL *et* TROISIÈME RENVERSEMENT.

RETARDS SIMULTANÉS de la TIERCE et de la QUINTE
dans l'accord de *septième de dominante.*

PREMIER *et* DEUXIÈME RENVERSEMENT.

RETARDS SIMULTANÉS de la TIERCE et de l'OCTAVE
dans l'accord de septième de dominante.

§ 1010. —Avec ces deux *retards,* il est bon d'avoir la *quinte;* parce que celle-ci rend la *quarte dissonante* et lui donne le *caractère suspensif* qu'elle doit avoir.

La *non-suppression* de la *quinte* nécessite *cinq parties* pour l'emploi de cet accord à *double retard.* Il n'est guère usité qu'à l'*état fondamental,* bien qu'il ne soit pas absolument impraticable dans ses 2me et 3me *renversements.*

Toute *disposition* en est *bonne,* pourvu que la *neuvième* ne soit pas *rapprochée* de la *fondamentale* de manière à former avec celle-ci un intervalle de *seconde.*

DISPOSITIONS DIVERSES de l'ACCORD de 7me de DOMINANTE FONDAMENTAL
avec retards simultanés de la tierce et de l'octave.

EXERCICES
Réaliser les marches suivantes à cinq parties.

RETARDS SIMULTANÉS de la TIERCE et de l'OCTAVE
dans l'accord de *septième de dominante.*

Chiffrer la basse suivante et la réaliser à cinq parties.

EMPLOI des RETARDS SIMULTANÉS de la TIERCE et de l'OCTAVE
dans l'accord de *septième de dominante.*

CHAPITRE XIV

DES RETARDS SIMPLES
qu'on peut pratiquer
dans les accords de septième de sensible des deux modes
et leurs renversements.

Ces retards sont:
1° – Le *retard de la fondamentale* par son degré supérieur.
2° – Le *retard de la tierce* de la fondamentale par la *quarte*.
3° – Le *retard de la quinte* de la fondamentale par la *sixte*.(*)
4° – Le *retard de la septième* de la fondamentale par l'*octave*.

CHAPITRE XV

RETARD SUPÉRIEUR de la FONDAMENTALE
dans les accords de septième de sensible des deux modes.

§ **1011.**—Ce retard ne fournit pas d'autres agrégations que celles des accords de *septième du 2ᵈ degré* des deux modes.

Mais ces *agrégations* ne peuvent être employées comme *retards* que sur le *temps fort*, tandis que, employées comme accords de *septième du 2ᵈ degré*, elles peuvent être placées au *temps faible.*(§   )

Le *chiffrage* est le *même* pour les *agrégations semblables*, quel que soit leur mode d'emploi; la *préparation de la dissonance* est nécessaire dans l'un et l'autre cas, sa *résolution* est toujours la même. Il est inutile, dès lors, de faire de ce *retard* une étude spéciale.

Do majeur.

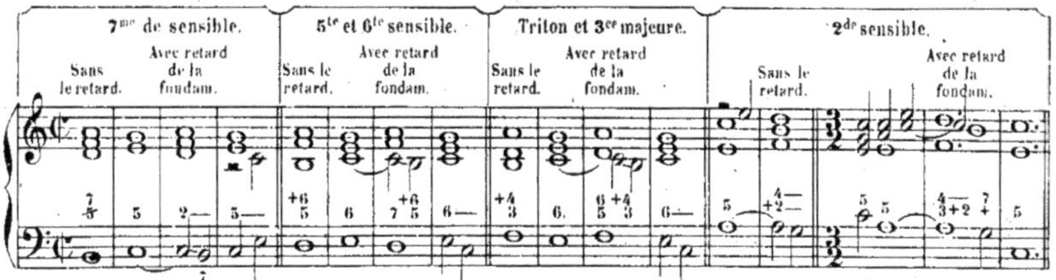

La mineur.

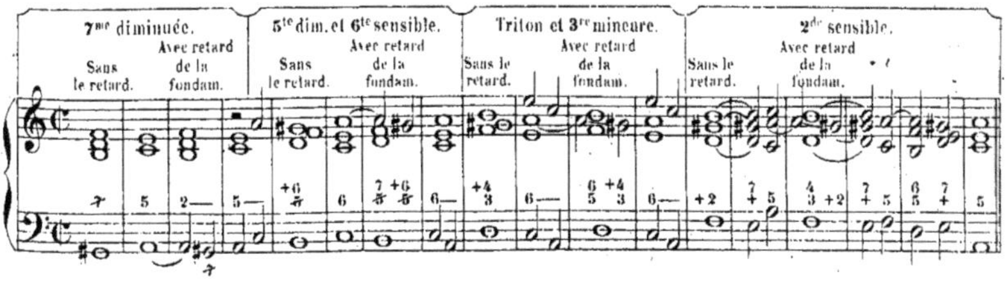

(*) Ce retard n'est pas praticable dans l'accord de septième de sensible du mode majeur à cause de sa dureté.

CHAPITRE XVI

RETARD de la TIERCE par la QUARTE
dans les accords de septième de sensible des deux modes et leurs renversements.

§ **1012.**—Ce *retard* est *peu usité* dans l'accord de *septième de sensible* du *mode majeur*, surtout à *l'état renversé*.

Cependant, à l'état *fondamental* et à celui de *2d renversement*, son effet est *bon*, si l'on peut *préparer la septième* de la fondamentale.

ACCORD de SEPTIÈME de SENSIBLE avec RETARD de la TIERCE par la QUARTE.

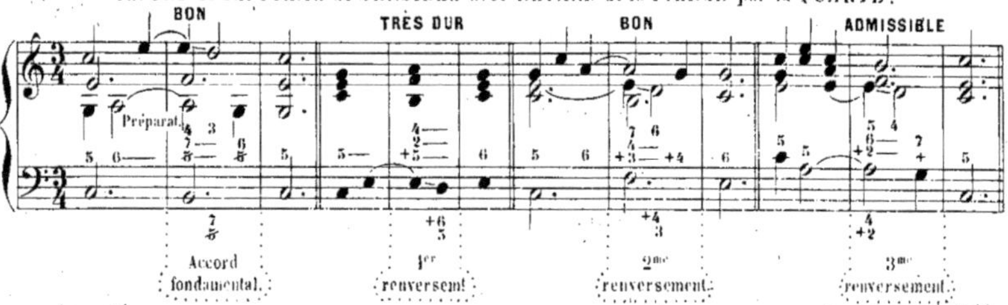

§ **1013.**—Le *retard de la tierce* par la *quarte* est, au contraire, *fort usité* dans l'accord de *septième diminuée* et ses *renversements*, que ces accords soient employés dans le *mode mineur*, ou qu'ils lui soient *empruntés* par le *mode majeur*.

ACCORD de SEPTIÈME DIMINUÉE (mode mineur) avec RETARD de la TIERCE par la QUARTE.

RETARD DE LA TIERCE PAR LA QUARTE
dans l'accord de *septième diminuée emprunté* au *mode mineur* par le *mode majeur*.

§ **1014.**—Le *retard de la tierce* dans les accords de *septième de sensible* des deux modes, doit, le plus souvent, être placé à la *partie supérieure*.

Néanmoins, lorsque ces accords sont à l'état de *2me* ou *3me renversement*, on peut le mettre à l'une des *parties intermédiaires*.

Employé dans leur *1er renversement*, il occupe nécessairement la partie de *basse*. (Voir les exemples ci-dessus.)

MARCHES D'HARMONIE.

RETARD de la TIERCE par la QUARTE
dans les accords de *septième de sensible* des deux modes et *leurs renversements.*

ÉTAT FONDAMENTAL

N° 298.

LEÇON

pour l'EMPLOI du RETARD de la TIERCE par la QUARTE
dans les accords de *septième de sensible* des deux modes et *leurs renversements.*

BASSE et CHANT ALTERNÉS

CHAPITRE XVII

RETARD de la QUINTE par la SIXTE
dans l'accord de septième diminuée et ses renversements.(*)

§ **1015.**—Le *retard de la quinte* par la *sixte* est praticable dans l'accord de *septième diminuée* et ses *renversements*, que ces accords soient employés dans le *mode mineur*, ou qu'ils lui soient *empruntés* par le *mode majeur*.

Ce *retard* doit être placé à la *partie supérieure* lorsque l'accord de *septième diminuée* est à l'état *fondamental* ou à celui de *1er renversement*; à l'état de *2me renversement*, il se trouve à la *basse*; à l'état de *3me renversement*, il peut occuper l'une des *parties intermédiaires*, mais, le plus souvent, on le met à la *1re partie*.

ACCORD de SEPTIÈME DIMINUÉE (mode mineur, emploi normal) avec RETARD de la 5te par la 6te

RETARD de la QUINTE par la SIXTE
dans l'accord de *septième diminuée* emprunté au *mode mineur* par le *mode majeur*.

§ **1016.**—Le *retard de la quinte* par la *sixte* est encore praticable dans l'accord de *septième diminuée* placé sur l'*altération ascendante* du *4me* degré des deux modes (§720.)

(*) Voir la note *a* de la page

BASSE DONNÉE

pour l'EMPLOI du RETARD de la QUINTE par la SIXTE
dans l'accord de *septième diminuée* et ses *renversements*.

CHAPITRE XVIII

RETARD de la SEPTIÈME par l'OCTAVE
dans les accords de septième de sensible et de septième diminuée.

§ 1047.—Le *retard de la septiè-*
me par *l'octave* ne produit, dans l'accord de *septième de sensible* du *mo-*
de majeur qu'une agrégation semblable
à celle de *l'accord de quinte diminuée*
dont on redoublerait la basse.

RETARD de la SEPTIÈME par l'OCTAVE DIMINUÉE
dans l'accord de septième diminuée.

§ **1018.**—Mais, dans l'accord de *septième diminuée*, ce retard produit un intervalle d'*octave diminuée* dont la *dissonance* est *très accusée*.

§ **1019.**—Il est praticable dans *tous les renversements*, (à l'exception du 3ᵐᵉ de l'accord de *septième de sensible*) à la condition de placer le *retard* à distance d'*octave* de la *fondamentale*.

RETARD de la SEPTIÈME
pratiqué dans les renversements des accords de septième de sensible des deux modes.

§ **1020.**—Le *retard de la septième* par l'octave est encore praticable dans l'accord de *septième de sensible* et dans celui de *septième diminuée* obtenus par l'*altération ascendante* du *4ᵐᵉ* degré dans les deux modes (§ 720). Dans l'un et l'autre cas, ce retard produit avec la basse une dissonance d'*octave diminuée*.

BASSE DONNÉE

pour l'EMPLOI du RETARD de la SEPTIÈME

dans les accords de *septième de sensible* et de *septième diminuée*.

ÉTAT FONDAMENTAL et RENVERSEMENTS.

(*) Gamme mineure descendante 2ᵈᵉ forme. (§§ 485 et 887)

A.L.6501.

CHAPITRE XIX

DES RETARDS SIMPLES
qu'on peut pratiquer
dans les accords de neuvième de dominante des deux modes
et leurs renversements.

Ces retards sont:

1° – Le *retard de la tierce* de la fondamentale par la *quarte*.
2° – Le *retard de la quinte* de la fondamentale par la *sixte*.
3° – Le *retard de la neuvième* de la fondamentale par la *dixième*.

CHAPITRE XX

RETARD de la TIERCE par la QUARTE
dans les accords de neuvième de dominante des deux modes
et leurs renversements.

§ **1021.**—Selon la règle du § **892**, on ne devrait pas supprimer la *quinte* de ces accords lorsqu'on y introduit le *retard de la tierce*, puisque c'est cette *quinte* qui, formant avec le *retard* une *seconde supérieure* ou une *septième inférieure* le rend dissonant.

La *non-suppression* de la *quinte* nécessite alors l'emploi de *cinq parties*.

(*Même Exemple en mineur.*)

§ **1022.**—Cependant, il est un moyen de pratiquer ce retard à *quatre parties*: il consiste à faire entendre d'abord la *quinte avec la quarte* pour donner à *celle-ci* le caractère du retard; puis, à quitter la quinte pour prendre la *septième* et la *neuvième*, tout en conservant la *quarte* dont le *caractère suspensif* a été bien établi.

(*Même Exemple en mineur.*)

§ **1023.**—Employé dans l'accord de *neuvième majeure de dominante*, ce retard ne peut pas occuper la *partie supérieure*.

RETARD de la QUINTE par la SIXTE
dans les accords de neuvième de dominante des deux modes et leurs renversements.

§ 1024.—Ce *retard* ne peut se faire qu'à *cinq parties.*

A l'état *fondamental* et à celui de *premier renversement* il doit, en général, occuper la *partie supérieure;* à l'état de *deuxième renversement* il est placé à la *basse;* à l'état de *troisième renversement* il peut occuper la *1re* ou la *2me partie.*

RETARD de la NEUVIÈME par la DIXIÈME
dans les accords de neuvième de dominante des deux modes et leurs renversements.

§ 1025.—Le *retard de la neuvième* par la dixième ne produit, dans l'accord de *neuvième majeure de dominante* qu'une agrégation semblable à celle de l'accord de *septième de dominante* dont on redoublerait la *tierce.* Mais, dans l'accord de *neuvième mineure de dominante,* ce retard produit, avec la *note sensible,* tierce de l'accord, un intervalle d'*octave diminuée* dont la *dissonance* est *très accusée.* Il doit occuper la *partie supérieure* et ne s'emploie guère qu'à *cinq parties.*

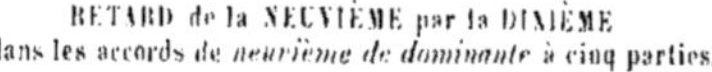

§ 1026.—Cependant, on peut le pratiquer à *4 parties* dans l'accord *fondamental* et son *3me renversement* (le plus usité des trois.)

MARCHES D'HARMONIE.

RETARD de la TIERCE par la QUARTE
dans les accords de *neuvième de dominante.*

N° 303.

A
(à 4 parties)

Alternativement
à 4 et 5 parties.
(§ 776)
B

RETARD de la QUINTE par la SIXTE
dans l'accord de *neuvième mineure de dominante.*

Alternativement
à 4 et 5 parties.
C

D
(à 5 parties)

RETARD de la NEUVIÈME par la DIXIÈME
dans les accords de *neuvième de dominante* à l'état de *troisième renversement.*

E
(à 5 parties)

CHANT DONNÉ
pour l'EMPLOI de DIVERS RETARDS
dans les accords de *neuvième de dominante* et leurs *renversements.*

(Alternativement à 4 et à 5 parties)

CHAPITRE XXI

DES RETARDS
qu'on peut pratiquer
dans les accords de septième du 2ᵈ degré des deux modes
et leurs renversements.

Ces retards sont:
1°— Le *retard de la fondamentale* par son degré supérieur.
2°— Le *retard de la tierce* par la *quarte*.

CHAPITRE XXII

RETARD SUPÉRIEUR de la FONDAMENTALE
dans les accords de septième du 2ᵈ degré des deux modes.

§ **1027.**— Ce retard ne fournit pas d'autres agrégations que celles des accords de *septième* du 4ᵐᵉ *degré*: soit, pour le *mode majeur*, un accord de *septième majeure*; et pour le *mode mineur*, un accord de *septième mineure*.

(*Même Exemple en mineur*)

RETARD de la TIERCE par la QUARTE
dans les accords de septième du 2ᵈ degré des deux modes.

§ **1028.**— Toutes les parties peuvent recevoir ce retard, mais, à l'état *fondamental* et à celui de 2ᵐᵉ *renversement* il est généralement préférable de le placer à la *partie supérieure*; tandis qu'à l'état de 3ᵐᵉ *renversement* il convient mieux à l'une des *parties intermédiaires*.

(*Même Exemple en mineur*)

(*) Voir, au complément: la non-préparation de la septième ajoutée

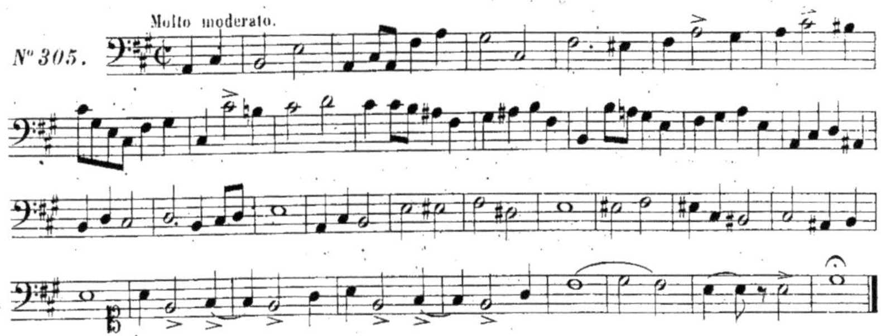

CHAPITRE XXIII

Du RETARD de la TIERCE par la QUARTE
dans les accords de septième majeure et de septième mineure placés sur un degré quelconque.

ÉTAT FONDAMENTAL et RENVERSEMENTS

§ 1029.—Appliqué à d'autres accords de septième que ceux du 2d degré des deux modes, ce retard n'est guère praticable que dans les marches d'harmonie.

Relativement à la partie qu'il doit occuper, les règles sont les mêmes que pour le *retard de la tierce* dans les accords de septième du 2d degré. (§ 1028.)

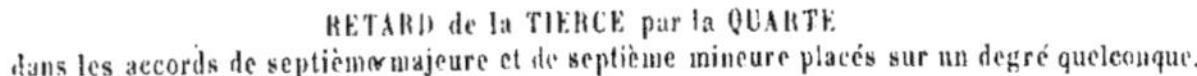

§ **1030.**—Outre les *variantes* produites par la broderie inférieure de la note retardée et la broderie supérieure du retard descendant, on peut obtenir d'*autres variantes*, en faisant entendre *avant la note de résolution du retard*: soit l'*appoggiature inférieure* de cette note de résolution (mesures B.C.D.) soit une autre note de l'accord (mesures F.) ou même les *notes de passage* (mesures G.H.)

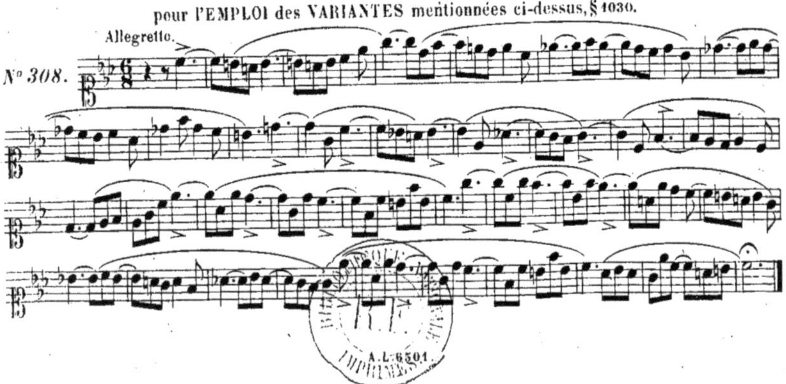